Marcel Rufo
Geschwisterliebe, Geschwisterhaß

Zu diesem Buch

Einen Bruder oder eine Schwester zu haben kann die Hölle sein, aber auch ein fabelhaftes Glück. Der bekannte französische Kinderpsychologe und Bestsellerautor Marcel Rufo nimmt in seinem neuen Buch das Geschwisterverhältnis unter die Lupe und geht allen wichtigen Fragen auf den Grund: Ist es vorteilhafter, der Ältere oder der Jüngere zu sein? Haben Eltern ein Lieblingskind? Wie verstehen sich Brüder und Schwestern in den verschiedenen Lebensphasen? Muß es chronische Haßliebe sein? Wie nah dürfen sich Geschwister kommen? Die Antworten des passionierten Arztes – auch zu Adoptivgeschwistern, Zwillingen und Scheidungskindern – überraschen und beruhigen. Es gelingt Marcel Rufo, Klischees und falsche Vorstellungen über die Geschwisterbeziehung gegen den Strich zu bürsten und beispielsweise ein Lob auf die Eifersucht und den fairen Wettkampf zwischen Brüdern und Schwestern anzustimmen.

Marcel Rufo wurde 1945 als Einzelkind geboren. Als Professor für Kinderpsychologie am Sainte-Marguerite-Hospital in Marseille ist er seit mittlerweile fünfunddreißig Jahren auf die seelischen Probleme von Kindern und Jugendlichen spezialisiert. Seine Bücher sind in Frankreich Bestseller.

Marcel Rufo
in Zusammenarbeit mit Christine Schilte
Geschwisterliebe, Geschwisterhaß
Die prägendste Beziehung unserer Kindheit

Aus dem Französischen von
Elsbeth Ranke

Piper München Zürich

FSC

Dieses Taschenbuch wurde auf FSC-zertifiziertem Papier gedruckt.
FSC (Forest Stewardship Council) ist eine nichtstaatliche, gemeinnützige
Organisation, die sich für eine ökologische und sozialverantwortliche
Nutzung der Wälder unserer Erde einsetzt (vgl. Logo auf der Umschlag-
rückseite).

Ungekürzte Taschenbuchausgabe
1. Auflage August 2005
2. Auflage April 2006
© 2002 Librairie Arthème Fayard
Titel der französischen Originalausgabe:
»Frères et sœurs, une maladie d'amour«
© der deutschsprachigen Ausgabe:
2004 Piper Verlag GmbH, München
Umschlag/Bildredaktion: Büro Hamburg
Heike Dehning, Charlotte Wippermann,
Alke Bücking, Kathrin Hilse
Foto Umschlagvorderseite: Colin Barker/Getty Images
Foto Umschlagrückseite: G. Mathieu/Opale
Satz: seitenweise, Tübingen
Papier: Munken Print von Arctic Paper Munkedals AB, Schweden
Druck und Bindung: Clausen & Bosse, Leck
Printed in Germany
ISBN-13: 978-3-492-24456-5
ISBN-10: 3-492-24456-4

www.piper.de

Für Celli, Fanou, Daniel, Mario und Aldo,
meine Brüder.
Für Lisa und Ezia,
meine großen Schwestern.

Inhalt

Einführung

Ich bin ein Einzelkind mit sieben Geschwistern

Alain Marcelli, genannt Celli, ist mein Bruder: ein Herzensbruder. Ich kenne ihn, seit ich vier Jahre alt war, und wenn wir in ein paar Jahren Rentner sind, wollen wir gemeinsam um die Welt segeln.

Fanou und Daniel sind meine Brüder aus der Studienzeit und vom Rugbyfeld.

Aldo und Mario, beide Italiener – aus Sizilien beziehungsweise dem Piemont –, sind Brüder aufgrund unserer gemeinsamen Herkunft.

Lisa und Ezia schließlich sind meine großen Schwestern, weil sie diese Rolle während meiner ganzen Kindheit gespielt haben. Meine Mutter vertraute mich regelmäßig diesen beiden wunderbaren Cousinen an, die damals 15 und 16 waren, so daß sie für mich zugleich Schwestern und regelrechte »Puppenmamas« wurden. Ezia war sonderbar und unüberlegt; sie ließ mich ungeschützt in der Sonne spielen und warf mich mit vier Jahren ins Wasser, um mir das Schwimmen beizubringen. Sie aß Unmengen von Meerschnecken, die wir an den schlimmsten Sturmtagen auf den Klippen holen gingen. Lisa war mein »Über-Ich«, sie brachte mir Zuneigung entgegen, war heiter und lehrte

11

mich, Respekt vor der Familie zu haben. Natürlich war ich überaus verliebt in sie und wollte sie später einmal heiraten. Aber mit der Zeit sagte ich mir, daß auch Ezia viele Vorzüge hatte ...

Kurz nach dem Tod meiner Mutter wurde Lisa sehr krank, und ich fürchtete, ich würde eine meiner großen Schwestern verlieren. Wenn jemand ein solches »Über-Ich« für einen selbst gewesen ist, will man ihn so lange wie möglich behalten. Heute geht es Lisa besser, aber ich habe Angst vor dem Moment, in dem ich wieder einmal zur Waise werde. Lisa und Ezia gehören als die ältesten Geschwister zu meinem Lebensbaum.

Die Familie meiner beiden »Adoptivschwestern« ist eine Familie von Seeleuten. Über hundert Jahre lang trugen die Matrosen Votivbilder in die Kirche, die sie vor Böen und Stürmen schützen sollten. Vor ein paar Jahrzehnten beschlossen ihre Söhne, alles Hochseeschiffer, eine Madonna von Savona zu kaufen, eine emaillierte, glänzende Jungfrau, der sie jedesmal Schmuck darbrachten, wenn sie einer gefährlichen Situation entkommen waren. Heute ist diese Madonna über und über behängt mit Goldreifen, Perlenketten und Diamantbroschen. Wenn meine Cousinen sterben, werden ihre Familien sie erben. Aber wem unter all meinen Cousins wird dieser persönliche heidnische Familientalisman zufallen? Zuneigung, Tradition, persönliche Bindungen ... all das wird dabei eine Rolle spielen.

Es war eines Morgens in der Balagne, in einem unvergleichlichen korsischen Dorf hoch über dem Golf von Calvi. Der Sommertag versprach herrlich zu werden. Ich war zu Besuch bei meinem Lehrer, einer Koryphäe auf dem Gebiet der Anatomie.

Gegen fünf Uhr morgens weckte mich heftiges Klopfen an meiner Zimmertür. Mein Lehrer rief mich. Er sagte, daß er mich brauche. Obwohl das Wachwerden mir schwerfiel – da wir den vorigen Abend mit russischen Freunden in einer Piano-Bar in der Zitadelle verbracht hatten –, holte mich die uneingeschränkte Autorität dieses großen Meisters aus dem Bett. Ich dachte, er brauche meine Hilfe bei einem schwierigen medizinischen Fall, und ging zu ihm, um ihn bei seiner Visite zu begleiten oder voller Bewunderung einer seiner komplizierten Operationen beizuwohnen.

Es war nichts von alldem. Er forderte mich auf, mich in einer Ecke der Terrasse hoch über der Landschaft neben ihn zu setzen. »Schau und hör hin«, sagte er zu mir. Ich war ziemlich mürrisch und antwortete ihm verschlafen: »Monsieur, ich höre nichts, ich sehe nur den Sonnenaufgang, und da hinten den Fischer Tienou in seiner Barke und Félix, der schon im Café du Port sitzt!« Lächelnd sagte er: »Gar nicht schlecht für den Anfang, daß du den Sonnenaufgang siehst. Aber hör noch genauer hin.« Ich sträubte mich nicht dagegen und spitzte die Ohren. »Ja, stimmt, ich höre Glocken in der Ferne; wahrscheinlich eine Schafherde, die oben auf dem Hügel die Kühle vor der heißen Nachmittagssonne sucht.« Diese Beobachtung reichte ihm nicht: »Hör gut hin und schau noch genauer« – er ließ nicht locker. Ich fügte mich. Da erkannte ich im sommerlichen Dunst ein Meer von Olivenbäumen. Sofort erinnerte mich dieses Bild an den *Baron auf den Bäumen* von Italo Calvino, ein Buch, das einer seiner Brüder mir geliehen hatte. Es geht da um ein Kind, das die Welt der Erwachsenen für uninteressant hält und beschließt, in den Zweigen eines Olivenbaumes das Leben eines »Barons auf den Bäumen« zu führen.

Da saß ich also, bei diesem Fürsten der Balagne, verloren in meinen Gedanken. Seine Stimme hüllte mich ein: »Du hörst die Schafe, du siehst das Olivenmeer, und du betrachtest den Sonnenaufgang über der Zitadelle, dahinter die Punta di a Rivellata. Du kannst also davon ausgehen, daß du gehört und gesehen hast, was schon die Römer gehört und gesehen haben. Jetzt kannst du dich wieder schlafen legen.« Und das tat ich, endgültig überzeugt, daß sein Sohn Fanou mein Bruder war.

Denn durch gemeinsame Erlebnisse, durch einen gemeinsamen Erinnerungsschatz wird die Geschwisterschaft erst begründet. Ich war der Bruder von Fanou und allen seinen Geschwistern, und ich war davon noch stärker überzeugt, da ich ihren Vater rückhaltlos bewunderte. Mein ganzes Leben lang hatte ich zu dieser Familie eine sehr brüderliche Beziehung, und ganz deutlich wurde dies bei der Beerdigung »unseres Vaters«. In der Kirche hatte ich mich ganz selbstverständlich bei seinen Schülern eingereiht, die diesem hochangesehenen Mediziner die letzte Ehre erwiesen, aber einer seiner Söhne kam zu mir, als er mich entdeckte, und holte mich in den Kreis seiner Familie. An diesem Tag erkannte ich, daß meine Strategie Früchte getragen hatte: Mit dem Tod dieses großartigen Menschen hatte ich eine Gastfamilie gefunden, die groß genug war, um einem Einzelkind zu genügen.

Tatsächlich verhielt ich mich wie jedes Einzelkind: Sie suchen sich Freunde, die viele Geschwister haben, als ob sie sich aus einem Gefühl der Isolation heraus um den Anschluß an eine Großfamilie bemühten.

Als Kind war ich sehr eifersüchtig auf meinen Onkel, den Zwillingsbruder meiner Mutter, der ihr lästig nahestand.

Später konnte ich dann als Kinder- und Jugendpsychiater die besonderen Geschwisterbande von Zwillingen direkt an ihrem Beispiel untersuchen – besonders auffällig war folgende Episode.

»Hallo, Louise, ich habe schlecht geträumt!«

»Hallo Louis, ich auch!«

An diesem Herbstmorgen ruft mein Onkel Louis von Paris aus seine Zwillingsschwester an, meine Mutter. Das ist nichts Ungewöhnliches, so sehr sind sie durch dasselbe Empfindungsvermögen verbunden sowie durch die Fähigkeit, gemeinsam dieselben Dinge wahrzunehmen. Diesmal haben also beide in derselben Nacht schlecht geträumt. Nun denn, Louis beschließt, zu meiner Mutter nach Toulon zu kommen, und sie verabreden sich vor Castelchabre, einer alten Apotheke nahe der Kathedrale. Sie müssen sich unbedingt sprechen.

Als meine Mutter mir erzählt, daß ihr Bruder und sie gleichzeitig schlecht geträumt haben und daß sie in ein paar Stunden verabredet sind, um darüber zu reden, reagiere ich wie immer gereizt; ich finde, diese Zwillinge hätten schon längst einmal psychotherapeutisch behandelt werden sollen, um nicht mit beinahe 60 Jahren noch immer diesem kindlichen, unreifen Verhaltensmuster nachzugeben. Meine ganze Kindheit war durch dieses Zwillingsmysterium geprägt, das mich mit der Zeit mehr und mehr ärgerte. So hatte ich in der Pubertät das Gefühl, nicht nur gegen meine Eltern, sondern auch noch gegen die enge Verbundenheit meines Onkels und meiner Mutter rebellieren zu müssen.

Sie bricht also auf, um ihren Bruder zu treffen. Louis fährt wie immer auf der Fernstraße 7, um, wie er sagt, »die Gefahren der Autobahn« zu meiden. Aber die Gefahr lauert anderswo: Als er in Toulon aus seinem Auto steigt, stolpert er über die Bordsteinkante und stürzt. Die Diagnose ist bitter: Oberschenkelfraktur. Zur gleichen Zeit läuft Louise, meine Mutter, durch die Rue Alezard. Meine Tochter Alice, damals ein paar Monate alt, ist mit dabei. Plötzlich rutscht meine Mutter aus und fällt der Länge nach zwischen die umgestürzten Eimer einer Blumenhändlerin. Sie hat sich das Knie geprellt. Die Floristin hebt das Baby aus den Primeln heraus.

Ich sehe Louis und Louise im selben Krankenhauszimmer wieder. Sie liegen in einem Doppelbett, die eine im Gips, der andere im Streckverband. Sie empfangen mich mit den Worten: »Und du glaubst nicht an unsere schlechten Träume!«

Diese Episode macht mich wieder einmal sprachlos angesichts der unglaublichen Verbindung von Zwillingen, die jegliches psychologische, psychiatrische und klinische Verständnis übersteigt. Louis und Louise hatten – wie es sich für echte Zwillinge gehört – gemeinsam beschlossen, sich wegen eines schlechten Traums in derselben Stunde zu verletzen, und zwar am Bein! Diese Situation erinnerte an ihre Kindheit: Wenn Louis sich damals die linke Augenbraue aufschlug, schlug Louise sich die rechte Augenbraue auf, wenn Louis Bauchschmerzen hatte, hatte Louise eine Bronchitis, und wenn Louis eine Halsentzündung hatte, dann hatte Louise eine Ohrenentzündung. Heute bin ich bei Zwillingen hellhöriger, vor allem wenn sie mir von schlechten Träumen berichten...

Das Leben mit einem Zwilling als Elternteil ist eine besondere Erfahrung. Ein Kind, und vor allem ein Einzelkind, hat das Gefühl, niemand außer ihm selbst habe zu den Eltern eine intime Beziehung. Aber der Zwilling des

Vaters oder der Mutter hat Anteile der Liebe, dem Gefühl der Nähe und Vertrautheit dieses Elternteils und weckt damit beim Kind eine ganz eigene Form der Eifersucht. Es fragt sich, ob der Vater oder die Mutter für die andere Hälfte nicht viel mehr empfindet als für das Kind.

Heute habe ich viele kleine Patienten, die Probleme mit ihren Geschwistern haben. Manche drücken das durch regressives Verhalten aus, andere durch Aggressivität oder Hyperaktivität, viele beschließen, sich ins Schweigen zurückzuziehen, und verweigern jeden sozialen Kontakt, womit sie ihre Entwicklung stark gefährden.

Als Félix in meine Praxis kommt, hat er sein Schulzeugnis in der Hand. Er hält es mir entgegen, damit ich die Fortschritte sehen kann, die wir gemeinsam erreicht haben: »hervorragende Leistungen«, »gut gearbeitet«, »hervorragend«. Nur der Musiklehrer ist zurückhaltender: »In diesem Fach wird nicht nur geschrieben!« »Sehr gut, Félix, ein besonderes Lob. Deine mündliche Mitarbeit würde der Klasse zugute kommen«, faßt der Klassenlehrer zusammen.
Félix hat seinen letzten Aufsatz an das Zeugnis geheftet:

»Der Prinz beim haarigen Drachen«
Es war einmal ein Prinz, der hieß Jean. Er lebte in einem Turm hoch oben auf einem Hügel, hinter einem dichten Wald, denn er war am liebsten allein und wollte mit niemandem sprechen. Eines Tages, als er gerade aufgestanden war, setzte sich ein Vogel mit goldenen Flügeln auf sein Fensterbrett. Der Prinz fragte sich, woher dieser schöne Vogel kam, der von einer langen Reise ganz erschöpft zu sein schien. Er hielt ein Stück Papier im Schna-

bel. *Es war ein anonymer Brief, in dem stand, daß der Prinz nie mehr glücklich sein würde, wenn er noch einen Tag länger allein blieb. Wenn er diese Krankheit überwinden wollte, mußte er zum Fluß am Fuß des Hügels gehen.*

Der Prinz beschloß, zu dem Treffpunkt zu gehen, obwohl er nicht gerne Unbekannte traf. Als er am Flußufer angekommen war, sah er einen Drachen. Am ganzen Körper war er dicht behaart. Er war es, der den schönen Vogel mit dem Brief zu ihm geschickt hatte.

Plötzlich murmelte der Drache etwas Unverständliches, und Prinz Jean war in einer anderen Welt. Da gab es nur Drachen, kleine und große. Der behaarte Drache kam zu ihm und sagte: »Habe keine Angst, ich bin hier, um dich von deinem Fluch zu befreien.« Der Prinz lernte viel von ihm, und er lebte viele Jahre in dieser Welt, in der man lernen konnte, daß nicht alle Drachen böse sind.

Der erste Freund des Prinzen war ein behaarter Drache.

Félix, sechste Klasse.

Félix' Leistungen erstaunen mich, denn das Kind leidet seit mehreren Jahren an einer Sprechhemmung. Er spricht praktisch nur mit seinen Eltern, seinem älteren Bruder und einigen wenigen Freunden. In der Schule macht er den Mund nicht auf, und er redet weder mit seinen Lehrern noch mit Leuten, die er nicht gut kennt.

Ich habe Félix zum erstenmal vor etwas mehr als einem Jahr gesehen. Er kam mit seinen Eltern in meine Sprechstunde. Damals war er in der fünften Grundschulklasse. Ich war mit meiner Prognose damals zurückhaltend. Ich hoffte nur, daß er beim Wechsel auf die Mittelschule zusammen mit einer Gruppe von Freunden und den damit verbundenen psychischen Veränderungen aus seinem

Mutismus herausfinden würde. Damals war es unmöglich, mit Félix über seine Symptome zu sprechen. Bei einer Anspielung darauf brach er schon in Tränen aus. Und heute spricht Félix in einem Schulaufsatz von seiner Krankheit und seiner Einsamkeit!

Félix hat einen älteren Bruder, Guillaume, der ihn noch nie ausstehen konnte. Wenn man diesen Aufsatz liest, erscheint ihre von Haßliebe geprägte Beziehung in einem anderen Licht. Der Prinz Jean ist natürlich Félix, und ich bin überzeugt, daß der »behaarte Drache« niemand anderer sein kann als sein Bruder. Félix erwartet also dessen Hilfe, um seine Stummheit zu überwinden. Er wünscht sich, daß Guillaume, wie der behaarte Drache, sein erster und sein bester Freund wird.

Wird Guillaume diese Botschaft von Félix begreifen? Wird er Lust haben, ihm beim Sprechen zu helfen? Das wird sich in den nächsten Jahren zeigen. Im Moment ist Félix weiterhin ein labiles, empfindsames und trauriges Kind. Aber das Verhältnis zu seinem Bruder hat sich verbessert, seitdem beide auf die Mittelschule gehen. Offenbar hat ihre Rivalität nachgelassen, und der Ältere duldet den Kleineren mehr, seit er größer geworden ist.

Der Fall von Félix erinnert mich an einen anderen.

Vor einigen Jahren schon habe ich ein kleines Mädchen namens Sophie behandelt, das nicht sprach und das ich nie zum Sprechen bringen konnte. Ich verlor es aus den Augen und erfuhr nur, daß es in eine Schule für Hochbegabte aufgenommen worden war.

Eines Morgens stellt man mir einen Anruf durch. Als ich höre »Guten Tag, wie geht es Ihnen? Ich bin Sophie X«, bin ich sprachlos. Erstaunt sage ich zugegebenermaßen ziemlich plump: »Aber, Sie sprechen ja!« Am anderen Ende der Leitung höre ich zunächst lautes Lachen, dann eine Frage: »Wußten Sie, daß mein Bruder auch nicht gesprochen hat?« Als ich das bestätige, erklärt mir Sophie: »Wir haben zu Hause ein Spiel gemacht. Wir haben gewettet, wer am wenigsten mit meinem Vater sprechen würde, mit dem wir allein lebten.«

Beim Auflegen überlege ich, wie weit doch der Psychiater manchmal davon entfernt ist, sich vorstellen zu können, was in den Familien wirklich abläuft.

Ich wünsche mir, daß dieses Buch Eltern zu einem besseren Verständnis verhilft, was zwischen Geschwistern vorgeht. Wenn sie das Risiko eingehen, mehrere Kinder zu haben, denken sie, sie könnten alle auf dieselbe Weise lieben, und sie meinen, daß die Kinder alle gleich sind, schließlich haben sie dasselbe genetische Erbe. Sie sind noch fest davon überzeugt, daß ihre Kinder, die in der Liebe geboren wurden, sich perfekt miteinander verstehen werden. Ich muß ihnen leider sagen, daß das ein Irrtum ist.

Die Bindung zwischen Geschwistern beruht auf affektiven Beziehungen, die ihnen aufgezwungen werden. Sie entwickelt sich, wie die meisten Formen der Bindung, auf der Basis des alltäglichen Lebens, durch Dinge, die man miteinander teilt wie zum Beispiel den Lebensraum und die Mahlzeiten, oder durch die Tatsache, daß jeder den Geruch eines Elternteils im Flur oder im Bad identifizieren kann. Die Bindung entsteht also aufgrund wiederholter Erfahrungen.

Das Teilen ist in der Geschwisterbeziehung ebenfalls ein wichtiges Element. Wir werden sehen, daß man die Liebe der Eltern praktisch nicht teilen kann, daß das aber auch bei Gegenständen schon schwierig ist. Es ist schrecklich für ein Kind, einem Bruder einen alten Pulli schenken zu müssen; selbst wenn dieser zu klein ist, wenn er seit Jahren vergessen im Schrank lag – wie soll das Kind begreifen, daß der Pulli nicht mehr ihm gehört? Eltern neigen dazu, Teilen mit Schenken zu verwechseln. Aber das sind zwei sehr unterschiedliche Begriffe. Jemandem ein Geschenk zu machen ist eine persönliche Entscheidung, an der das Über-Ich beteiligt ist, und kann nicht von außen auferlegt werden. Geschwister zu haben, fördert nicht das Schenken, sondern das Teilen – und das ist gesellschaftlich akzeptiert. Eltern sagen oft: »Das mußt du deinem Bruder geben, schließlich ist es dein Bruder.« Wenn sie bei ihrer eigenen Testamentseröffnung dabeisein könnten, würden sie verstehen, daß die Sache nicht ganz so einfach ist…

Dieses Buch enthält zahlreiche Geschichten von Kindern und Jugendlichen, die ich in meiner Praxis behandle. Obwohl es in praktisch allen Fällen um pathologische Beziehungen zwischen Brüdern und Schwestern geht, kann man daraus ableiten, wie natürliche Beziehungen zwischen Geschwistern aussehen.

Wie ich haben meine Kollegen – Kinder- und Jugendpsychiater, Psychologen, Kinderärzte und Allgemeinärzte – häufig mit pathologischen Erscheinungen zu tun, die aufgrund von Konflikten unter Geschwistern entstehen. In der Sprechstunde berichten die Eltern immer wieder von denselben Symptomen: »Er ist eifersüchtig auf seine Schwester«, »Sie tun den ganzen Tag lang nichts anderes als zu streiten«, »Durch das schlechte Verhältnis unserer Kinder wird unser Familienleben zur Hölle«…

Seine Geschwister wählt man nicht aus, sie werden einem von den Eltern vorgesetzt. Natürlich bedeutet die Anwesenheit eines Bruders oder einer Schwester zunächst einmal, daß man es mit einem Rivalen zu tun hat. Das gemeinsame Leben wird unerträglich, wenn man in der Rivalität und einem Gefühl des Grolls steckenbleibt und sich nicht mehr weiterentwickelt. Wenn eines der Kinder gegenüber seinem kleinen Geschwisterchen oder seinem großen Bruder oder der großen Schwester negative Gefühle empfindet, kann das nicht nur das Leben der ganzen Familie vergiften, sondern auch die psychische, intellektuelle und soziale Entwicklung des eifersüchtigen Kindes beeinträchtigen. Zum Glück ist das nicht immer der Fall: Das hängt ganz von der Persönlichkeit und der Empfindlichkeit aller Geschwister ab, die sich in den alltäglichen Konkurrenzsituationen an den anderen messen. Eltern sollten auch in schwierigen Momenten nicht vergessen, daß Rivalität auch ein Wettbewerb ist, der die Kinder beim Großwerden unterstützt.

Ich lade Sie ein, mich in die Klinik der problematischen Geschwisterbeziehungen zu begleiten. Ich gehe jede Wette ein, daß diese Geschichten bei Ihnen persönliche Erinnerungen wachrufen. Und apropos Persönliches, ich möchte Ihnen einen Gedanken meiner Tochter Alice mitteilen: »Ich will einen Bruder oder eine Schwester, aber ich will immer die Kleinste bleiben.«

1 Der Anfang der Geschichte oder die Ankunft des zweiten Kindes

Ein pädiatrisches Zentrum im Norden von Marseille. In meine Sprechstunde kommen die Eltern eines behinderten Kindes, ein sympathisches Paar. Sie erzählen von ihrem Sohn, der aufgrund einer Chromosomenanomalie Entwicklungsschwierigkeiten hat. Ich erfahre, daß der Junge eine jüngere Schwester von 21 Monaten hat. Mit ihr steht alles bestens, im Vergleich zu ihrem großen Bruder entwickelt sie sich hervorragend. Die beiden verstehen sich gut und spielen oft miteinander. Er hat sie lediglich zweimal umgestoßen, aber unabsichtlich.

Die Eltern werden zulassen müssen, daß ihre Tochter den Bruder ziemlich schnell überflügelt, was die Sprache und das psychische Erleben angeht. Ihr Bruder wird das begreifen, aber stets darunter leiden. Um das innere Gleichgewicht beider Kinder zu wahren und ihr Verständnis füreinander zu fördern, ist es wichtig, daß die Eltern ihnen getrennt voneinander Momente der Zuneigung schenken: Sie müssen sich nacheinander ganz der Tochter und ganz dem Sohn widmen. Im Moment kann das Mädchen die Behinderung ihres Bruders noch nicht begreifen, aber das wird nicht lange so bleiben. Ihre Eltern müssen ihr die schlimme Krankheit ihres Bruders allmählich bewußt machen, damit sie die Entwicklungsstörungen, die damit einhergehen, akzeptiert. Sie wird dann hinnehmen müssen, daß sie größer wirkt, obwohl sie eigentlich die Kleinere ist.

Für ein Paar ist nichts normaler als Kinder zu bekommen. Das erste beruhigt die Mutter. Damit beweist sie ihre Fruchtbarkeit und ihre Fähigkeit, Mutter zu werden, auch wenn das Unglück manchmal schon am Kliniktor klopft. Und der Mann erhält den wohl deutlichsten Beweis für die Liebe seiner Partnerin; er wird Vater, weil sie ihn auserwählt hat, um ihren Kinderwunsch zu verwirklichen. Wenn er diese passive Rolle akzeptiert, kann er auf einer psychologischen Ebene ein aktiver Vater werden, und das während der Schwangerschaft genauso wie danach. Seine ständige Aufmerksamkeit und seine Zuverlässigkeit verleihen der werdenden Mutter Zuversicht und geben ihr die Gewißheit, daß die Mutterschaft eine positive Erfahrung sein wird. Der Vater behält diese Rolle bei, wenn das Kind da ist, und baut eine Dreierbeziehung auf, die für alle von Vorteil ist.

Die erste Geburt ermöglicht alle weiteren. So entsteht allmählich eine Geschwisterreihe. Aus wie vielen Geschwistern sie besteht, ist nicht wirklich wichtig. Was zählt, ist die Fähigkeit eines jeden Kindes, seine Eltern zu »guten Eltern« zu machen, ihnen durch die Umstände der Geburt und durch seinen Charakter die Gelegenheit zu geben, ihre Rolle auszufüllen. Und die wird bei mehreren Kindern selten dieselbe sein. Ich bin davon überzeugt, daß alle Eltern die heimliche Hoffnung haben, aufgrund ihrer Erfahrungen vieles besser zu machen.

Die Entscheidung für ein zweites Kind wird viel genauer

überdacht als die für das erste, das häufig im Schwung der Verliebtheit gezeugt wird und manchmal sogar mit dem Ziel, eine gefährdete Partnerschaft zu retten. Das zweite Kind kann also nur gut und perfekt sein. So legen die Eltern automatisch und ohne es zu merken die ersten Grundsteine für eine Rivalität unter den Geschwistern, aus denen ein Mäuerchen, eine Mauer oder ein Bollwerk der Eifersucht entstehen kann.

Das zweite Kind ist »echter« als das erste. Die Eltern fühlen sich mit ihm freier, denn sie haben ja schon geübt, wie man mit einem Baby umgeht; sie haben beim ersten, auf dem die Last des Familienerbes ruht, viel gelernt. Mit ihm ist die Nachkommenschaft des Paares gesichert und, vor allem wenn es ein Junge ist, auch der Fortbestand ihres Namens. Der Wunsch nach einem zweiten Kind ist oft Ausdruck einer morbiden Sorge der Eltern: Wenn das erste Kind bei einem Unfall umkäme, dann bliebe ihnen immer noch eines, das sie lieben und umsorgen könnten. Manche Eltern suchen mit dem zweiten Kind auch Trost nach einer Enttäuschung: Zum Beispiel erfordert es durchaus Mut, ein weiteres Kind zu planen, wenn das erste an einer Chromosomenanomalie leidet, egal ob man eine pränatale Diagnostik machen läßt oder nicht. Häufig wollen die Eltern beim zweiten Kind auch da erfolgreich sein, wo sie meinen, beim ersten versagt zu haben. Und schließlich können sie mit dem zweiten auch in der Zeit zurückreisen und sich den wunderbaren Erinnerungen an das erste Brabbeln hingeben, an das zarte Lächeln und die Fürsorge für ein Kind, das völlig auf sie angewiesen ist. Aufmerksam beobachten sie die Ereignisse, auf die sie beim ersten Kind nicht geachtet oder die sie nicht verstanden haben. Jetzt werden sie unvergleichlich.

Noch bevor es auf der Welt ist, beginnt das zweite Kind die gewohnte Ruhe der familiären Dreisamkeit durcheinanderzubringen. Praktisch von der Zeugung an stellt sich die Frage, wie man die Neuigkeit dem zukünftig ältesten Kind beibringen soll. Was beweist, daß viele Eltern davon ausgehen, daß dieser Eindringling in der Familie nicht unbedingt bei allen willkommen ist. Eltern, die als Kind dieselbe Situation durchgemacht haben, erinnern sich oft nicht gerade mit Freude daran. Sie haben sich zum Teil vielleicht sogar deshalb für ein Leben mit ihrem Partner entschieden, weil ihnen das Zusammenleben mit den Geschwistern zu unangenehm wurde.

Eltern sind heute immer stärker sensibilisiert für die Frage, ob ihr Kind sich psychisch gut entwickelt – das stelle ich täglich fest –, und alle fragen sich, welche Folgen die Geburt eines Geschwisterchens wohl haben wird. Wird ihr Erstgeborenes seelisch auch nicht allzusehr aus der Bahn geworfen? Die ersten Fragen der Eltern lauten, wie sich das Gefühl der Zuneigung zwischen ihnen und diesem »großen Bruder« oder der »großen Schwester« wohl entwickeln wird. Sie fragen sich, ob das älteste Kind ihnen ein solches »Geschenk« nicht übelnehmen wird. Wird es sie jetzt ein bißchen weniger liebhaben als vorher? Aus Erfahrung wissen sie, daß Liebe ein Gefühl ist, das sich nur schwer teilen läßt. Sie fragen sich auch, ob sie selbst dieses neue Baby genauso lieben werden wie das erste, und ob sie es schaffen werden, keines der Kinder zu bevorzugen. Diese Befürchtungen beruhen ebenfalls auf Erfahrungen, die sie selbst als Kinder mit ihren Geschwistern gemacht haben. Die Geburt eines Kindes ruft in einer Familie immer gute und schlechte Erinnerungen wach, egal das wievielte es ist. Die Eltern haben ihre eigenen, oft geheimen Erinnerungen, von denen selbst ihr Partner nichts weiß.

Die Familienvergangenheit ist wie fruchtbarer Boden, auf dem allerlei Phantasien wachsen können. Sobald etwa eine werdende Mutter erfährt, daß sie ein Mädchen erwartet, wünscht – oder befürchtet – sie, daß es ihrer Schwester ähnelt. Ein werdender Vater, der selbst ein Einzelkind war, stellt sich vor, wie herrlich es sein muß, einen Bruder oder eine Schwester zu haben, wo er doch diese Erfahrung nie machen konnte. Er projiziert auf das noch ungeborene Kind all die Geschichten, die er in seiner Kindheit dem erträumten Geschwisterchen zugeschrieben hat. Er empfindet sich nicht nur als Vater, sondern fühlt sich auch wie ein Bruder seines Kindes.

Bestimmte Erinnerungen sind traumatisch, so etwa der Tod eines Bruders, die Behinderung einer Schwester oder die Trennung der Eltern, die die Geschwister unterschiedlich erlebt haben. Auch andere Umstände können die Entscheidung für ein zweites Kind erheblich belasten. Soll es ein Kind ersetzen, das als Baby gestorben ist? Soll es die Wunde heilen, die durch die Geburt eines behinderten Kindes entstanden ist? Ist es nicht im Grunde deshalb gezeugt worden, weil es eine Partnerschaft retten soll, die zu zerbrechen droht? Und besteht nicht die Gefahr, daß es zum Auslöser einer eventuellen Trennung wird und zum Einsatz, um den gestritten wird?

Wenn das erste Kind von seiner Geburt an mit einer Familienlast beladen ist, so hat das zweite Kind auch die seine zu tragen, die allerdings ganz anders beschaffen ist.

Heutzutage beginnt der »Ärger« für das erstgeborene Kind immer früher. Als es noch keinen Ultraschall und keine Sexualkunde gab, konnte es nur aufgrund subtiler Anzeichen vermuten, daß sich innerhalb seiner Familie etwas veränderte. Er bemerkte zum Beispiel, daß seiner Mutter morgens übel wurde, daß sein Vater mehr zu Hause war und sich mehr um sie kümmerte; beide Eltern wollten die Möbel im Haus umstellen... Heutzutage sitzt das Kind zwischen Mama und Papa auf dem Sofa und entdeckt, oder erahnt vielmehr, auf einem Foto den Schatten des Menschen, der ihr Leben zu dritt durcheinanderbringen wird. Und am Frühstückstisch erzählt die Mutter voller Eifer abenteuerliche Geschichten über kleine Samenkörner... Kurz, alles ist schon festgelegt: Es ist ein Mädchen, es ist ein Junge, und er (oder sie) wird in ein paar Monaten da sein! Das Kind wird zum älteren Geschwister, ohne daß die Eltern ihm die Zeit lassen, davon zu träumen...

Meines Erachtens ist das Ultraschallgerät das erste unglücksbringende Werkzeug im Leben eines Erstgeborenen. Bisher konnte es noch immer hoffen, daß seine Mutter vielleicht doch nicht schwanger war, heute aber, wo es den schlagenden Beweis in Händen hält, befällt es Unruhe oder gar Verzweiflung. Am verwirrendsten ist diese Situation für Kinder, die ihre Mutter zur Ultraschalluntersuchung begleiten. Das grenzt geradezu an Exhibitionismus, denn die Schwangerschaft gehört der Mutter. Die physische Anwesenheit des Kindes bei dieser medizinischen Untersuchung kann man durchaus als inzestuös bewerten. Zudem können die Eltern in eine heikle Situation geraten, wenn bei der Untersuchung eine Anomalie entdeckt wird: Was soll man dem Kind sagen, das mit anwesend ist? Was soll man tun? Es übereilt nach draußen bringen? Wie auch immer man sich entscheidet, das Kind wird große Angst bekommen.

Kinder, die beim Ultraschall dabei sind, bringen ihre Verwirrung oft direkt zum Ausdruck: Sie schneiden Grimassen, und mit ihren Äußerungen geben sie zu verstehen, wie widerwärtig sie dieses Spektakel finden. Sie verspüren praktisch alle ein gewisses Grauen, den Bauch ihrer Mutter von innen zu sehen, den Ort, aus dem sie kommen. Glücklicherweise sind viele Ärzte und Eltern nicht der Meinung, daß das Kind bei der Untersuchung dabeisein sollte. Ein Foto ist bereits verwirrend genug.

Und doch ist es unabdingbar, das Kind auf die Geburt seines kleinen Geschwisterchens vorzubereiten, denn eine Überraschung ist immer traumatisierend. Das ältere Kind muß sich der Liebe seiner Eltern vergewissern können: Je weniger es daran zweifelt, daß sie auch zwei Kinder lieben können, desto weniger Angst wird es empfinden. Und trotzdem wird es ihm sehr schwerfallen, die Vorstellung anzunehmen, daß es genauso geliebt wird wie vorher. Kinder sind Experten im Vergleichen, aus dem einfachen Grund, daß die Kindheit die Zeit im Leben ist, in der jeder die Unterschiede sucht, die ihm zur Definition seiner selbst verhelfen. Um dem älteren Kind verstehen zu helfen, daß es geliebt wird und daß das auch so bleiben wird, können die Eltern ihm erzählen, wie es war, als es selbst noch ein Baby war. Solche Erzählungen gehören zu den besten psychologischen Stützen. Und dann könnte man doch neben dem Ultraschallfoto die letzten Urlaubsfotos aufstellen, aus der Zeit, als das erste Kind noch Einzelkind war! Die Vergangenheit zu erobern und bestätigt zu finden wird ihm ermöglichen, die Ankunft des Eindringlings zu ertragen, die es tief trifft und von Natur aus eifersüchtig werden läßt.

Für ein erstgeborenes Kind ist es eine völlig neuartige Vorstellung, ein kleines Geschwisterchen zu bekommen. Nur Kinder unter 18 Monaten sind nicht davon betroffen. In diesem Alter haben sie noch keine bewußten Erinnerungen, und so meinen sie, sie hätten schon immer mit dem Bruder oder der Schwester gelebt. Die Beziehung solcher Geschwister ähnelt oft der von Zwillingen, aber sie unterscheidet sich allein schon deshalb davon, weil die Eltern sie nicht wie Zwillinge erziehen. Und das macht einen enormen Unterschied!

Die Angst, weniger geliebt zu werden

Wenn ein Bruder oder eine Schwester zur Welt kommt, wird das erste Kind dazu gezwungen, sich als »groß« zu empfinden, denn seine Eltern kündigen ihm ja ein »Kleines« an: einen kleinen Bruder, eine kleine Schwester oder ein Baby. Manche Kinder wehren sich so heftig gegen diese auferlegte Rolle, daß sie ihr Leiden zum Ausdruck bringen, indem sie aufhören zu wachsen.

Julien ist ein kleiner dreijähriger Junge, zart und sensibel. Ganz selbstverständlich hat er sich mir gegenüber auf den Schoß seiner Mutter gesetzt.

Julien weist ein ungewöhnliches Symptom auf: Seit beinahe einem Jahr ist er keinen Zentimeter gewachsen, obwohl er normal ißt und in der Regel gut schläft. Keine medizinische Untersuchung hat bisher eine echte Dia-

*gnose ergeben. Seine Mutter macht sich Sorgen. Sie findet,
daß das Schicksal ihre Familie ein bißchen hart trifft. Vor
einem Jahr hatte sie eine Frühgeburt, und das Kind mußte
mehrere Monate lang im Krankenhaus bleiben. Jeden Tag
fuhr sie nach der Arbeit mit dem Bus zu ihm, da sich das
Krankenhaus in einem abgelegenen Vorort befand. Am
Wochenende löste sie der Vater ab, der unter der Woche beruflich viel unterwegs war. Bei diesem vollen Terminplan
konnte sie Julien nicht von der Krippe abholen, und sie
bat ihre Mutter, sich um ihn zu kümmern. Das Kind verbrachte also beinahe sechs Monate bei seiner Großmutter
auf dem Land, und die Beziehung zu seiner Mutter redu-
zierte sich auf tägliche Telefonate und 14tägige Besuche.
Julien reagierte weder ablehnend noch mit Zustimmung,
er nahm die Situation ruhig hin.*

*Zwei Wochen später als sein Bruder kam er zurück nach
Hause. Seither ist sein Verhalten normal; gegenüber dem
Baby zeigt er sogar Zuneigung. Seit vergangenem Septem-
ber geht er nicht mehr in die Krippe, sondern in den Kindergarten. Seine Erzieherin beschreibt ihn als »verträumt
und manchmal etwas traurig«. Er hat nicht viele Freunde.*

*Julien hat diese Trennung in Wirklichkeit als Verlassen-
werden erlebt, und die Zuneigung seiner Großeltern hat
die seiner Eltern nicht ersetzen können. Er schloß daraus,
daß man klein und krank sein muß, um bei ihnen bleiben zu
dürfen. Deshalb beschloß er, nicht mehr zu wachsen.*

Kinder zwischen zwei und drei Jahren haben bereits eine
bedeutende psychische Entwicklung hinter sich. So haben
sie in ihrem ersten Lebensjahr gelernt, sich von ihrer Mutter abzugrenzen, und sie haben angesichts eines fremden
Gesichts Angst empfunden. In ihrem zweiten Lebensjahr

haben sie mit einer gewissen Begabung die sogenannte »Trotzphase« durchgemacht. Ich erkläre den Eltern häufig, daß sie in dieser Zeit zu allem »nein« sagen, um das Jasagen besser zu lernen. Mit drei Jahren sind die meisten trocken. Sie sagen »ich«, verfügen über einen Wortschatz von 1500 Wörtern und zeichnen Männchen, die wie Kaulquappen aussehen und von ihren Eltern in der Wohnung an die Wand gepinnt werden. Immer wieder stelle ich fest, daß diese Kinder für ihre Eltern das reine Glück bedeuten und deren ganzer Stolz sind. Im Gegenzug denken Kinder in diesem Alter, daß sie »die schönste Mama der Welt« und »den stärksten, liebsten Papa von allen« haben. In diesem Alter findet der Eintritt in die ödipale Phase statt: Gefühle von Liebe und Haß beginnen sich zu entwickeln, was für kein Kind ohne Probleme abläuft. Dementsprechend ist es außerstande, sich vorzustellen, daß es diese Liebe mit einem anderen Kind teilen muß, das die Eltern bereits so mit Beschlag belegt, obwohl es noch nicht einmal da ist. Denn das neue Baby beansprucht schon viel Zeit und viel Platz: Ein Name wird ausgesucht, ein Zimmer eingerichtet, vielleicht wird sogar ein Bett ins Zimmer des älteren Kindes gestellt, das Mama beim Spaziergang nicht mehr auf den Arm nehmen will. Ganz zu schweigen von Oma, die pausenlos Pläne für die Ankunft des Kleinen macht…

Und dann entscheiden viele Eltern genau zu diesem Zeitpunkt, daß es für ihr »großes Baby« von drei Jahren jetzt an der Zeit ist, in den Kindergarten zu gehen, und wenn ihm diese Vorstellung auch ganz gut gefällt, so beunruhigt es doch der Gedanke, von seiner Mama fortzumüssen. In diesem Alter haben viele Erstgeborene noch nicht den psychischen Prozeß abgeschlossen, den man als »Trennung und Individuation« bezeichnet. Diese Entwicklung ist unabdingbar, damit ein Kind die Abwesenheit der Mutter gedanklich kompensieren kann. Sich die Abwesenheit geistig zu vergegenwärtigen, lernen Kinder ganz allmählich im Lauf der Monate. Je nach Kind dauert dies unterschiedlich lang. Um die Angst vor dem Verlassenwerden zu überwinden, muß das Kind sich vorstellen können, daß seine Mutter woanders ist und sich um ihre eigenen Angelegenheiten kümmert. Aber es muß vor allem absolut überzeugt davon sein, daß sie da sein wird, wenn alle Mamas ihre Kinder abholen. Diese Gewißheit wird aber oft durch die Vorstellung gestört, die Mutter sei deshalb abwesend, weil sie sich um ein anderes Kind kümmert. Ist das nicht ein eindeutiger Beweis dafür, daß ihre Liebe weniger stark ist als vorher? Hat sie nicht auch eigens zu arbeiten aufgehört, damit sie das Baby besser umsorgen kann? Wie soll ein Kind in diesem Alter auch wissen, daß es für Mütter Mutterschutz und Erziehungsurlaub gibt und daß sie diese bei seiner eigenen Geburt ebenfalls in Anspruch genommen hat? Man sollte nicht zögern, ihm das zu erklären!

Zu Hause bestätigt sich im Alltag die Angst, weniger geliebt zu werden. Das ältere Kind muß hinnehmen, daß alle Welt angesichts der Schreie, des Lächelns und sogar der Exkremente des Babys in Verzückung gerät. Wie soll es dieses Verhalten verstehen, wo es sich doch so anstrengt, trocken zu sein? Und warum darf dieses Baby mitten in der Nacht weinen, während das ältere Kind mit seiner Angst vor dem Dunklen jeden Abend sein Nachtlicht einfordern muß? Darüber hinaus kommt es ihm so vor, als würde beim Schlafengehen kürzer und mit weniger Überzeugung gekuschelt und vorgelesen, seit »das andere« da ist. Mit drei Jahren zum großen Bruder oder zur großen Schwester zu werden, ist sehr, sehr schwierig.

Ich lege großen Wert auf die Feststellung, daß die Väter in dieser Zeit aufgerufen sind, die »Rolle ihres Lebens« zu spielen. Um so mehr, wenn es ihnen bisher schwergefallen ist, sich bei ihrem ersten Kind einen Platz als echter Vater zu schaffen: Jetzt haben sie eine zweite Chance. Sie können das neue Baby bei der Mutter lassen und ganz alleine mit dem älteren Kind spielen. Als edle Ritter werden sie natürlich von Zeit zu Zeit mit ihrer Frau die Rolle tauschen. Die Eltern müssen sich klarmachen, daß das ältere genauso wie das jüngere Kind mehr von ihrer Zuwendung haben, wenn sie sie getrennt erfahren.

Der Wunsch nach einem Geschwisterchen

Man kann es gegenüber den Eltern nicht oft genug wiederholen: Es ist ein Irrtum zu glauben, der Wunsch nach einem zweiten Kind beruhe auf der Forderung des älteren Kindes. Alle Eltern müssen sich von diesem Gedanken verabschieden; er gefährdet die Partnerschaft und läßt eine inzestuöse Beziehung zwischen Elternteil und Kind entstehen. Nie darf eine Mutter sagen, sie hätte ein zweites Kind bekommen, weil ihr drei- oder vierjähriger Sohn es wollte. Der nämlich befindet sich mitten in der ödipalen Phase, einer wichtigen Etappe beim Aufbau seiner sexuellen Identität. Er wird sie folgerichtig als Verliebter betrachten und sich freuen, den Vater auf diese Weise aus dem Familienkreis gedrängt zu haben. Wo er doch so davon träumt, der Mann seiner Mutter zu werden, und es mit Worten nur nicht ausdrücken kann, jetzt könnte er sich kein besseres Alibi wünschen. Aber die Tabuisierung des Inzests muß unter allen Umständen der Grundstein unserer Gesellschaft bleiben.

Trotzdem sagen Einzelkinder häufig zu ihren Eltern: »Ich will einen Bruder« oder »Wann bekomme ich eine Schwester?« Mit solchen Worten reden sie den Eltern nach dem Mund. Man muß nur die Reaktionen des Kindes beim Ultraschall oder beim ersten Treffen mit dem Neugeborenen beobachten, um sich Gewißheit zu verschaffen. Solche Aussagen entstehen aufgrund der Reaktionen der Eltern. Aus Liebe sagen die Kinder, was die Eltern hören wollen, und sind dabei sehr konsequent: Sie wollen ein Geschwisterchen, weil ihre Mama oder ihr Papa gesagt haben, daß sie ein zweites Kind wollen. Ein Kind von drei oder vier Jahren kann sich nicht vorstellen, seine Eltern absichtlich zu enttäuschen.

Und doch sind Kinder in diesem Alter sehr vorsichtig, denn ihre kindliche Liebe ist nicht blind. Ich habe einmal zum Spaß analysiert, welches Geschlecht sie sich für ihr Geschwisterchen wünschen. Ob sie einen Bruder oder eine Schwester wollen, deutet oft auf die Art der Beziehung zu ihren Eltern hin. Wenn sich ein Junge eine kleine Schwester wünscht, dann vielleicht weil er somit sicher sein kann, daß er der Lieblingsjunge seiner Mama bleibt. Wenn er dagegen einen Bruder will, dann wahrscheinlich deshalb, weil er seine Mutter zu oft hat sagen hören, daß sie am liebsten ein Mädchen hätte. Wenn man den Gedanken ganz zu Ende spinnen will, ist in diesem Fall immerhin garantiert, daß sein Papa nicht verliebt in die kleine Schwester sein kann und daß sie daher nicht sein Liebling werden kann. Ein Mädchen hätte am liebsten, daß ihre Mutter einen Jungen bekommt, damit sie die Liebe ihres Papas ganz für sich allein behält. Ein Kind wählt das Geschlecht des Geschwisterchens also immer danach aus, was es für das Ungefährlichste hält, was seine eigenen affektiven Bande mit den

Eltern am wenigsten bedroht. Diese sollten sich daran erinnern, was sie, womöglich vor der Zeugung, über ein zweites Kind gesagt haben, um die Worte des älteren Kindes im richtigen Kontext zu beurteilen. Der kleine Junge, der eine Schwester will, bringt damit zum Ausdruck, daß er nicht der kleine perfekte Junge ist, den seine Eltern sich erhofft hatten. Der Aufbau des Selbstwertgefühls, des eigenen Narzißmus hängt vom Blick der Eltern ab, von der – echten oder vermuteten – Wertschätzung, die sie ihrem Kind entgegenbringen. Erstgeborenen drängt sich stets die folgende Frage auf: Wenn meine Eltern ein zweites Kind wollen, heißt das, daß ich nicht so bin, wie sie es sich erträumt haben? Um zu vermeiden, daß seine Eltern eine Liebesgeschichte mit einem anderen kleinen Jungen anfangen, den sie ihm selbst vorziehen, würde es den Sohn beruhigen, wenn das erwartete Kind eine Schwester wäre. Das Mädchen, das von einem kleinen Bruder »träumt«, erzählt damit dieselbe Geschichte. Tatsächlich wünscht sich das ältere Kind selten ein Geschwisterchen desselben Geschlechts. Es befürchtet eine direkte Rivalität; es will jemanden, der wirklich anders ist. Bei gleichgeschlechtlichen Geschwistern wird die Rivalität immer größer ausfallen.

Meines Erachtens können Mädchen besser mit der Schwangerschaft ihrer Mutter umgehen als Jungen. Sie wissen nämlich schon sehr früh, daß Schwangerschaft und Gebären später auch ihre Sache sein werden. Die Schwangerschaft ihrer Mutter stellt eine Beziehung zu ihrer eigenen künftigen Schwangerschaft her. Darum ist das Geschlecht des neuen Kindes für sie weniger wichtig: Ob Junge oder Mädchen, es ist in erster Linie ein Baby. Auch wenn sie mit einer Puppe spielen, hat das »Kind« kein bestimmtes Geschlecht; wenn das Spielzeug keine eindeutigen Merkmale hat, kann es mal als Mädchen, mal als Junge gelten.

Puppen spielen beim Aufbau der weiblichen Identität von Mädchen eine wichtige Rolle. Das weibliche Geschlecht wird durch die Gebärmutter definiert, deren Funktion es ist, ein Kind zu empfangen; sie versetzt die Frau in die Lage, eine Familie zu gründen. Kleine Mädchen wissen, daß Frauen Familien »machen«. Manchmal haben reifere Mädchen schon mit zwei oder drei Jahren eine gewisse Vorstellung davon, was der Begriff »Familie« bedeutet. Jungen lernen das erst sehr spät, häufig erst nach der Pubertät. Weil sie sich mit der Mutter identifizieren, spielen Mädchen ganz natürlich »Puppenmama«. Davon wissen übrigens manche kleine Brüder schmerzvoll zu berichten, die während ihrer ganzen Kindheit unter der Fuchtel ihrer autoritären Schwester standen.

Anders als man meinen könnte, lernt ein Kind nicht durch die Beobachtung von Cousins und Freunden in ihren Familien, was der Begriff Familie bedeutet. Für ein Einzelkind zählen vor allem der eigene Vater und die eigene Mutter. Wenn es das Zusammenleben anderer Kinder außerhalb der eigenen Familie mit ihren Geschwistern beobachtet, entwickelt sich deshalb noch lange kein Gefühl dafür, was Geschwister sind. Statt dessen stellt das für den kleinen Beobachter eher ein negatives Vorbild dar, vor allem, wenn er aus dem, was er hört und sieht, schließen kann, wie schwierig das Zusammenleben mit besonders lästigen kleinen Geschwistern ist. Daraus ergibt sich für ihn nur eine einzige Schlußfolgerung: Ein Bruder oder eine Schwester bedeutet alles andere, als seine Ruhe zu haben. Kein Kind ist glücklich darüber, sein Zimmer oder sein Spielzeug mit einem Bruder oder einer Schwester zu teilen; das meinen höchstens die Eltern. Es ist lediglich eine idyllische Vorstellung der Erwachsenen oder ihr Wunschdenken, damit man ihnen nicht vorwerfen kann, sie hätten die Rivalität unter den Geschwistern durch das zweite Kind erst ausgelöst.

Rivalität unter Geschwistern

José ist ein hübsches Kind. Er ist sympathisch und ein guter Schüler. Es steht sogar zur Debatte, ob er von der ersten direkt in die dritte Klasse versetzt werden soll. Einziges Problem: Sein Eßverhalten ist äußerst eigen; er ist zwar nicht magersüchtig, aber er ißt wenig und vor allem nur bestimmte Speisen.

Durch sein kompliziertes Eßverhalten äußert José die Rivalität zu seinem kleinen Bruder. Er versucht damit, die Aufmerksamkeit seiner Mutter auf sich zu lenken, denn er findet, daß sie sich viel zu sehr um den Bruder kümmert, den sie ständig streichelt und küßt. In seinen Augen geht sein Vater mit seiner Zuneigung viel gerechter um. Daß José in der Schule so gut ist, droht die beiden Geschwister nur noch weiter auseinanderzubringen: Der kleine Bruder bliebe dann das »kleine Baby« seiner Mama. Und das um so mehr, als sie überall verkündet, dieses Kind sei ihre letzte Chance, Mutter zu sein, da sie die Vierzig überschritten hat.

Das kleine Geschwisterchen ist im wahrsten Sinne des Wortes immer ein Eindringling: Es dringt in das Leben des anderen ein, es ist »einer zu viel«. Die Umgestaltungen, die sein tatsächliches oder bevorstehendes Dasein im Familienalltag auslöst, beweisen das.

Eifersucht ist ein natürliches Reaktionsverhalten. Die Zuneigung der Eltern zu teilen, ist undenkbar oder gar unmöglich. Das ältere Kind von drei oder vier Jahren stellt also mit seinem schon weitentwickelten Verstand eine Strategie auf. Die Lösung besteht darin, genauso klein zu werden wie das Kleine, damit der Kampf um das Herz der Eltern gerechter ausfällt. Mit dem Ziel, sich für die Verführung der Eltern mit denselben Waffen auszurüsten, bringt das ältere Kind seine Eifersucht durch regressives und aggressives Verhalten zum Ausdruck. Es wird unausgeglichen, nervös, reizbar und hyperaktiv. Nicht selten leidet es an somatischen Störungen, am häufigsten sind dabei Schlafstörungen. Auffälligere Anzeichen der Regression machen den Eltern allerdings mehr Sorgen: Das Kind will aus einer Babyflasche trinken, an der Mutterbrust saugen, leidet an sekundärer Enuresis – das heißt, es wird zum Bettnässer, obwohl es bereits trocken gewesen ist – und fordert manchmal hartnäckig, wieder Windeln zu bekommen.

Bruno, sechs Jahre, kommt zur Behandlung, weil er seit der Geburt seines kleinen Bruders wieder ins Bett macht. Er erklärt mir, er wolle das auch weiterhin tun, damit er wieder Windeln bekommt und damit seine Großmutter ihn pudert, um zu vermeiden, daß seine Haut sich entzündet. Er läßt mich auch wissen, daß sein kleiner Bruder, der noch zu klein ist, um trocken zu sein, von seiner Großmutter nicht so aufmerksam umsorgt wird!

In Brunos Fall ist klar erkennbar, daß die Regression gewollt ist. Sie zielt allein darauf ab, der Liebling der Großmutter zu bleiben.

Solche Verhaltensformen bleiben in den meisten Fällen auf das häusliche Umfeld beschränkt und treten vor allem gegenüber der Mutter auf. Nach außen, und vor allem im Kindergarten, bemüht sich das Kind, groß zu bleiben – und verrät sein Unglück durch aggressives Verhalten gegenüber seinen Spielkameraden.

Auch gegenüber dem kleinen Geschwister wird das ältere Kind manchmal aggressiv: Es reagiert sich mit Flüchen und verächtlichen Äußerungen ab. Mit erstaunlicher Lockerheit gehen ihm Gemeinheiten über die Lippen, die auf den Tod des Störenfrieds anspielen oder zumindest auf seine endgültige Entfernung. Manchmal werden die Worte auch von Taten begleitet: Am auffälligsten ist es, wenn das ältere Kind das Kleine zwickt, schlägt oder an den Haaren zieht, aber es kann seinen kleinen Bruder oder seine kleine Schwester auch heimtückisch schubsen oder zu Fall bringen.

Die Eltern reagieren verärgert und machen sich manchmal Sorgen, denn sie fürchten, daß das erste Kind seine Drohungen in die Tat umsetzen könnte. Aber in den meisten Fällen bleiben die aggressiven Gesten in einem gewissen Rahmen. Dagegen sind die Worte fast immer sehr heftig, denn sie sind ein direkter Ausdruck der Phantasien; genauso übrigens wie Bilder, auf denen das kleine Geschwister meistens von der Familie isoliert erscheint oder absichtlich überkritzelt ist, weil es »nichts geworden« ist. Die Phantasie des Eifersüchtigen ist also in der Regel sehr aggressiv, und nur wenige große Geschwister können von sich behaupten, sie hätten ihre kleinen Geschwister nie gezwickt oder gekratzt.

Wenn die ersten Äußerungen der Eifersucht falsch interpretiert oder zu streng bestraft werden, kann das dazu führen, daß das ältere Kind seine Gefühle verheimlicht, um von der Zuneigung seiner Eltern und der Geborgenheit des Familienlebens nicht ausgeschlossen zu werden. Aus tiefer Überzeugung rate ich Eltern, das Kind äußern zu lassen, was es auf dem Herzen hat. Eifersucht ist ein so natürliches Gefühl, daß man sich eigentlich mehr Sorgen um große Geschwister machen sollte, die ihren Rivalen gegenüber keinerlei Aggressivität zeigen, als um jene, die sie offen zum Ausdruck bringen. Unechte Passivität und verdrängendes Schweigen werden eines Tages zwangsläufig zu einem um so heftigeren Ausbruch führen. Aggressivität und Regression zeigen, daß das Baby vom älteren Kind regelrecht idealisiert wird. Diesem schwierigen Verhalten kann man ganz einfach mit Zärtlichkeit begegnen, denn das Kind braucht die Vergewisserung, daß seine Eltern es noch immer lieben.

Die Eifersucht ist am stärksten ausgeprägt, wenn zwei Kinder einen Abstand von zwei, drei oder vier Jahren haben, aber sie kann auch früher auftreten. Für den renommierten Psychiater Henri Wallon existiert sie ab einem Alter von neun Monaten, wenn das Kind sich als »Subjekt« wahrnimmt. Dem Psychologen Jean-Pierre Almodovar, einem Spezialisten für Geschwisterbeziehungen, zufolge hat Eifersucht für einen Erstgeborenen unter zwei Jahren eine strukturierende Wirkung, weil sie ihm bei der Abgrenzung vom anderen hilft: Es gibt ein Ich und es gibt ein Du, wir sind zwei verschiedene Personen. Dieser Schritt stellt den Beginn der sozialen Interaktion dar. Die Eifersucht schützt das Kind also davor, das »Ich« mit dem anderen zu verwechseln. Nach Almodovar sind eifersuchtsbedingte Aggressionen bei einem Altersunterschied von zwei, drei oder vier Jahren deshalb so stark ausgeprägt, weil das ältere Kind die Nachahmung durch ein jüngeres Kind als etwas Negatives wahrnimmt. Es ist verwirrt, da sich die Begriffe »Ich« und »Du«, die es selbst noch nicht vollständig beherrscht, zu vermischen drohen.

Wenn ein Kind ein regressives Verhalten aufweist, kann es zugleich ein entgegengesetztes Verhalten zeigen. Das hilft ihm, die beiden Rollen gegeneinander abzugrenzen. Es empfindet sich als »groß« wie seine Spielkameraden und »klein« wie ein Baby. Das sind zwei Identifikationsstützen, die beweisen, daß es in der Lage ist, die Begriffe von Raum und Zeit einzuordnen.

Man darf sich auch die Frage erlauben, ob manche Eltern nicht deshalb sehr schnell nacheinander Kinder bekommen, weil ihre eigene Rivalität zu den Geschwistern zum Teil noch vorhanden ist. Bringen sie ihren Erstgeborenen, der in einer besonders sensiblen Phase steckt, damit nicht unbewußt in Schwierigkeiten?

Es ist immer aufschlußreich, die Geschichte der Eltern mit in Betracht zu ziehen, wenn man die Beziehungsprobleme unter Geschwistern verstehen will. Dank ihres Kindes können die Eltern auf die Vergangenheit zurückblicken. Sie überlegen und spüren, inwieweit sie die Konflikte mit ihren eigenen Geschwistern vielleicht noch nicht gelöst haben. Oft stellt man mit Erstaunen fest, daß ihr Kind im gleichen Entwicklungsstadium unter ähnlichen Umständen die gleichen Probleme hat. Wenn ich die Eltern, die mit extrem rivalisierenden Kindern zu mir kommen, frage, ob diese Situation sie an die Rivalität zwischen ihnen und einem Bruder oder einer Schwester erinnert, antworten alle mit »Nein«, aber die meisten denken »Ja«. Im Lauf der Behandlung erzählen sie dann in der Regel von einer Situation, in der sie geschwisterliche Rivalität selbst erlebt haben – das ist ein klassischer Fall der Kinder- und Jugendpsychiatrie.

Wenn ein Kind mit drei Jahren einen Bruder oder eine Schwester bekommt, löst das einen regelrechten inneren Wirbelsturm in ihm aus, und aufgrund der entstehenden Rivalität landen viele Kinder beim Psychologen oder beim Kinder- und Jugendpsychiater. Zum Glück sind die letzten Geburtenstatistiken in Frankreich erfreulich: Der Altersunterschied nimmt eher zu und beträgt jetzt häufiger vier bis fünf Jahre. Eltern haben aber keine Wahl: Sie müssen wohl oder übel mit ihren kleinen Rivalen auskommen und sich bei all dem Schreien und den Tränen immer wieder klarmachen, daß die Eifersucht ein Teil der normalen Entwicklung ist. Sie stellt eine hervorragende Möglichkeit dar, über sich hinauszuwachsen, Fortschritte zu machen und sein Ich aufzubauen. Der Versuch, die Eifersucht zu unterdrücken, ist das beste Mittel, sie zu verstärken; das kann sogar bis hin zu einer pathologischen Entwicklung mit Schlaf- oder Persönlichkeitsstörungen führen. Fälle unterdrückter oder verdrängter Eifersucht füllen die Praxen von Psychiatern und Psychologen. Denn ein eifersüchtiges Kind ist davon überzeugt, daß die Eltern seine Eifersucht genau deshalb nicht ertragen können, weil sie »das andere« bevorzugen.

Tom ist sechs Jahre alt. Er hat eine kleine Schwester von drei Jahren. Die Geschwister unterscheiden sich in ihrem Wesen sehr stark voneinander. Tom ist ein eher schüchternes Kind. Er sieht zu Boden, sobald seine Augen meinen Blick kreuzen, setzt sich mir brav gegenüber und antwortet artig auf meine Fragen, meistens mit Ja oder Nein. Seine Schwester Noémie dagegen ist sehr aufgeschlossen; neu-

gierig blickt sie um sich und bleibt keinen Augenblick still sitzen. Sie füllt mit ihren anmutigen Bewegungen den ganzen Raum und monopolisiert mit ihren Fragen das Gespräch völlig. Sie ist ein kleines Luder, das mich auf meine Bemerkung hin, daß sie die Aufmerksamkeit außerordentlich geschickt auf sich zu ziehen weiß, gerade heraus als »großen Lügner« bezeichnet. Innerhalb von ein paar Sekunden hat die kleine Verführerin ihrem großen Bruder die Schau gestohlen, obwohl er es ist, der zur Beratung kommt.

Als ich sehe, daß Tom regelrecht geknebelt ist, sehe ich mich gezwungen, die Kleine hinauszuschicken, damit er sich ausdrücken kann, und man muß sie beinahe zwingen, sich zu ihrer Großmutter ins Wartezimmer zu setzen. Ich erkenne sehr schnell, daß Tom die Hölle auf Erden durchmacht! Aufgrund seiner Veranlagung läßt der Junge außerdem zu, daß seine Schwester ihn völlig erdrückt. Er braucht Hilfe, zumal leider zu befürchten steht, daß sein Alptraum mit den Jahren noch schlimmer wird. Sobald seine Schwester alt genug ist, um Freundinnen zu haben, wird es ihr die allergrößte Freude machen, sie für ihre Hänseleien miteinzuspannen. Toms krankhafte Schüchternheit wird sich dann zu einer echten Hemmung entwickeln, die seine Zukunft gefährden könnte.

Seine Schwierigkeiten begannen, als er in die Schule kam. Er war noch nicht eigenständig genug und konnte die Trennung, die ihm mit der Einschulung auferlegt wurde, nicht ertragen. Darunter litt er um so mehr, als seine Schwester, die weiterhin zu Hause war, den Prozeß der »Trennung und Individuation« bereits erfolgreich abgeschlossen hatte: Während für sie die Gegenwart der Mutter nicht den ganzen Tag lang unabdingbar war, träumte Tom genau davon.

Die Probleme dieses kleinen Jungen sind also darin begründet, daß er psychisch noch unreif ist, und diese Störung wird durch seine Schwester ausgelöst. Toms Geschichte führt uns automatisch zu der Frage, was seine Eltern dazu gebracht hat, ein weiteres Kind zu bekommen. *Wollten sie es, weil beim ersten Kind Beziehungsprobleme auftraten? War ihr Wunsch nach einem zweiten Kind nicht eigentlich der Wunsch, die Beziehung zu verbessern? Hätten sie gerne, daß Tom ein ausgelasseneres, offeneres Kind wäre?*

Tom ist, wie er ist. Seine Eltern werden daran nichts ändern können. Eltern sind in erster Linie gehalten, sich an das Kind anzupassen, auch wenn sie es sich nicht so vorgestellt hatten.

Der richtige Altersunterschied

Der ideale Altersunterschied zwischen Kindern in einer Familie beträgt sechs bis sieben Jahre. Die ödipale Phase ermöglicht dem Erstgeborenen sich sicherer mit der Elternrolle zu identifizieren. Etwaige Aggressionen schlagen nun in Zärtlichkeit um. Zudem hatte ein Kind von sechs oder sieben Jahren genug Zeit, um seine ganz persönlichen Familienerinnerungen aufzubauen. Es bedauert vielleicht manchmal, daß seine Mutter weniger Zeit hat, aber es erinnert sich genußvoll an die Gute-Nacht-Geschichten oder an seinen ersten Urlaub am Meer und die Entdeckung der Krebse. Die sechs, sieben oder acht Jahre, die Geschwister voneinander trennen, lassen dem Ältesten genug Zeit, die Stellung als Einzelkind zu genießen. Und es nutzt diese Zeit, um selbständig zu werden; bei der Ankunft des zweiten Kindes kommt ihm das zugute, und es kann auf seinen Freundeskreis bauen, den es sich außerhalb der Familie bereits aufgebaut hat.

In diesem Fall wird weniger erbittert um die Liebe der Eltern gekämpft, weil das ältere Kind sie bereits weniger braucht. Je weiter Geschwister auseinanderliegen, desto mehr trifft das zu. Die Beziehung kann dann minimal sein, so daß es nur selten zu einem geschwisterlichen Austausch kommt. Das ältere Mädchen nimmt manchmal eine bemutternde Rolle ein und kann beinahe zu einer zweiten Mama werden, die die echte hin und wieder ersetzt. Sie bereitet sich damit auf ihre eigene Mutterrolle vor. Jungen dagegen betrachten eine solche Situation meistens mit einem gewissen Vergnügen. Aber wie auch immer diese »großen« Geschwister zu den kleinen stehen, die Themen der Pubertät sind für sie unvergleichlich wichtiger als Fragen, die aufgrund der Geschwisterschaft entstehen.

Für einen pubertierenden Jugendlichen ist es in der Tat eine eigenartige Vorstellung, daß seine Eltern ihre Sexualität noch ausleben, wo er gerade beginnt, seine eigene zu entdecken. Ich hatte eines Tages einen jugendlichen Klienten, der bald einen kleinen Bruder bekommen sollte. Er fragte sich, ob seine Mutter die Pille vergessen hatte oder ob seine Eltern ungeschützten Verkehr gehabt hatten, und das, obwohl sie beide ihm diesbezüglich ständig in den Ohren lagen, wenn er mit einer Freundin ausging.

Ein Lob der Eifersucht

Es ist völlig normal, auf jemand anderen eifersüchtig zu sein: auf seine Schönheit, seine Begabungen, sein erfolgreiches Liebesleben... Die Eifersucht ist der Mörtel des Narzißmus und des Bildes, das man von sich selbst hat. Durch sie entwickeln wir uns erst selbst. Sie fördert unseren Wissensdrang und stimuliert die Suche nach dem Ich, denn das Ich ist niemals der andere, das Ich muß neben dem anderen leben. Eifersucht ist der Ursprung jeglichen Wettbewerbs: Der Eifersüchtige leidet unter dem Erfolg des anderen und will es ihm gleichtun, ihn überflügeln. Er handelt, um in seinen eigenen Augen besser zu werden, der Beste von allen.

Der Bruder oder die Schwester spielen bei der Herausbildung der eigenen Persönlichkeit eine wichtige Rolle, die über den Kampf um die Mutterliebe weit hinausgeht. Der andere erlaubt es jedem einzelnen, sich im Wechselspiel von Ähnlichkeiten und Unterschieden besser zu definieren. Jedes Neugeborene in einer Familie facht die Rivalitäten neu an und schafft zugleich andere Voraussetzungen. Mit einem dritten Geschwisterchen wird das ehemalige jüngste Kind zum mittleren, das nun seinerseits mit der Rivalität eines jüngeren zu kämpfen hat; das älteste Kind stellt erschüttert fest, daß es wieder einmal die »Launen« eines Kleinen ertragen muß und daß seine Eltern noch weniger Zeit haben werden.

Egal das wievielte Kind der Eindringling ist, er muß sich neben den anderen immer einen Platz erkämpfen, muß sie zur Seite drängen, sie wieder zum Teilen zwingen – vor allem in bezug auf die Liebe der Eltern. Jedes der Kinder ist also gezwungen, mehr oder weniger zufriedenstellende

Veränderungen und Kompromisse hinzunehmen: So muß ein Kind vielleicht ein Zimmer mit einem anderen teilen, man muß vor dem Bad warten, bis man an der Reihe ist, vielleicht fühlt man sich auch veranlaßt, sich in der Schule oder auf dem Sportplatz hervorzutun.

Das nachgeborene Kind ist zunächst ein Störenfried. Es fügt dem Ältesten sein erstes Trauma zu. Es zwingt die Mutter, die exklusive Bindung zum ersten Kind einzuschränken, und stellt die Gefühle der Allmacht bei einem kleinen »Alleinherrscher« in Frage. Durch das zweite Kind konkretisiert sich auch die Realität einer »Urszene«, des Liebesaktes, dem Ursprung des Lebens. Bei einer Geburt stellt sich die Frage des Kinderkriegens, und die ersten Fragen über die Sexualität entstehen: Woher kommen Babys? Was machen die Eltern, wenn sie sich im Schlafzimmer einsperren?

Es wäre allerdings ungerecht zu denken, daß nur das erstgeborene Kind eifersüchtig ist. Auch das jüngere Kind hegt angesichts der Vorrechte des älteren ziemlich starke Neidgefühle ihm gegenüber. Das größere Kind gewinnt beim Spielen, kann schneller rennen, bekommt zu Weihnachten ein tolles Fahrrad geschenkt oder darf mit Freunden allein weggehen ...

Wie heftig die Eifersuchtsreaktionen ausfallen, ist abhängig von der Intelligenz der Kinder, von ihrer Frustrationsgrenze und von ihrem Verhältnis zu den Eltern. Dementsprechend kann die von Natur aus existierende Eifersucht für ein Kind erträglich oder aber auch nicht auszuhalten sein. Bei der Geburt eines zweiten Kindes kann zum Beispiel ein schwieriges Verhältnis zwischen dem älteren Kind und einem seiner Eltern ans Licht kommen, das bisher nicht zum Tragen kam oder kompensiert wurde. In diesem

Fall werden die Eltern das aggressive Verhalten als »Boshaftigkeit« deuten und es bestrafen, was fortan die familiären Beziehungen vergiftet.

Dabei läßt sich eine normale Eifersucht nicht mit Boshaftigkeit gleichsetzen. Es ist falsch zu meinen, daß Geschwister, die sich streiten oder schlagen, sich nicht liebhaben. Der Eifersüchtige erliegt einer ständigen emotionalen Ambivalenz, er liebt und haßt zugleich. Darunter leidet er und hat auch häufig Schuldgefühle. Es können sich in der Folge Symptome entwickeln, die Ausdruck eines Verteidigungsmechanismus sind, um gegen seine Aggressivität oder gegen Angst und Schuldgefühle anzukämpfen.

Manche Kinder richten ihre Aggressivität gegen sich selbst: Sie sind quengelig, klagen über Bauch- oder Kopfschmerzen oder haben Alpträume. Andere verdrängen jegliche Aggressivität und ziehen sich in sich selbst zurück: Sie sind völlig gehemmt und interessieren sich für nichts mehr, auch nicht für die Schule. Sie lassen dem jüngeren Kind alles durchgehen, nur um den Eltern nicht zu mißfallen. Aber die Aggressivität kann sich durch den Verteidigungsmechanismus auch umkehren. Ältere Geschwister kümmern sich dann so sehr um das Wohl der jüngeren, daß diese an ihrer Fürsorge geradezu ersticken. Zu viele Küsse, zu viele Streicheleinheiten machen ihnen angst und lassen die Kleinen in Tränen ausbrechen.

Wenn die Eltern keine zu großen Fehler machen – das Kind also nicht zu stark zurechtweisen, bestrafen oder es ungerecht behandeln –, verflüchtigt sich die Aggressivität in der Regel im Laufe einiger Wochen oder Monate. Das ältere und das jüngere Kind messen sich fortan friedlich in zahllosen Wettbewerben. Dabei ahmen sie sich ständig gegenseitig nach: Wenn ein Kind etwas in die Hand nimmt, ergreift das andere es gleich nach ihm; wenn eins sich auf den Schoß der Mutter setzt, kommt das andere dazu. Diese spielerischen Wettkämpfe werden alltäglich, und schließlich nehmen die Eltern sie gar nicht mehr wahr.

Kleinere Kinder wetteifern darum, wer schneller laufen, wer weiter und höher springen kann, wer den größeren Unsinn anstellt. Größere messen sich beim Sport und anhand ihrer schulischen Leistungen. Um seine Eifersucht überwinden zu können muß das Kind eine gewisse Reife und eine relativ hohe Frustrationsgrenze haben. Ein Kind, das älter als sechs Jahre alt ist, wandelt sein aggressives Verhalten in Zärtlichkeit oder in Strenge um, je nachdem wie das elterliche Identifikationsmodell aussieht. Es sieht sich gegenüber seinem Geschwisterchen in einer Rolle als Vermittler oder gar als Erziehender. Übrigens scheut es nicht davor zurück, seine Eltern in die Pflicht zu nehmen, wenn sie nicht so streng sind wie sonst, oder sie darauf hinzuweisen, daß sie ihrer Erziehungsaufgabe nicht immer nachkommen.

Jeder von uns hat die Wunschphantasie, ein einzigartiges Wesen zu sein, für die anderen und die ganze Welt als einziger zu zählen. Diese Vorstellung aufzugeben ist schwierig, aber notwendig, damit man mit all seiner Verletzlichkeit mit den anderen zusammenleben kann.

2 Ältere und jüngere Kinder: Jeder genießt Vorteile

Kein Geschwisterteil bleibt von der Eifersucht verschont, unabhängig von seinem Geburtenrang. Allerdings hat sie verschiedene Ursachen, je nachdem, ob es sich um das älteste, das jüngste oder ein mittleres Kind handelt. Das älteste ist eifersüchtig auf die zärtliche Umsorgung des kleineren Kindes durch die Eltern. Das kleinere dagegen ist eifersüchtig auf das, was das ältere Kind vor seiner Geburt erlebt hat. Ein Mittelkind fragt sich, warum es einen Großen gibt, der rumkommandiert, und einen Kleinen, der immer so extrem umsorgt wird.

Wer hat es am besten?

Christophe, zwölf, und Romain, acht Jahre, sind zwei Brüder, die sich ziemlich brutal schlagen und angreifen. Zwischen ihnen steht nicht nur eine brüderliche Rivalität, sondern beinahe Haß. Ihre Eltern sind von der Situation völlig überfordert.

Christophe und Romain haben nicht dieselbe Kindheit erlebt. Der Ältere wurde von seinen Eltern aufgezogen, die sich neben ihren Berufen abwechselnd um ihn kümmer-

ten. *Weil diese Situation zu anstrengend war, wollten sie das bei Romain nicht wiederholen und beschlossen, ihn zu den Großeltern zu geben.*

Die Konflikte zwischen den beiden Jungen entstehen immer auf dieselbe Weise. Romain fordert ständig von seinem Bruder, ihm zu erklären, was er nicht weiß. Christophe antwortet ihm stets das gleiche: »*Du bist zu klein, was ich weiß, geht dich nichts an.*« *Christophe hatte zum Beispiel zu Weihnachten ein Videospiel bekommen, das er jetzt nicht mehr braucht, weil er zum Geburtstag die neueste Version bekommen hat. Er wird es los, indem er es seinem Bruder schenkt. Aber er leiht es sich weiterhin häufig von ihm aus, denn er ist ein großer Fan von Kampfspielen. Romain will es ihm gerne leihen, aber unter der Bedingung, daß der große Bruder ihm dafür erklärt, wie man es spielt. Christophe lehnt das regelmäßig ab… und schon gehen sie wieder mit Fäusten aufeinander los. Christophe weigert sich als Älterer die Rolle des Erziehenden zu übernehmen, was seinen Bruder zur Weißglut bringt. Er ist entschlossen, darum zu kämpfen, und er gibt nicht nach, nicht einmal, wenn die Eltern eingreifen.*

Seltsamerweise antworten beide auf die Frage, ob sie lieber ein Einzelkind wären, mit Nein: Christophe, weil sie bisweilen schöne gemeinsame Erlebnisse haben, und Romain ganz einfach deshalb, weil er ohne seinen großen Bruder niemanden mehr hätte, der ihm erklären könnte, was er nicht weiß.

Ich habe Christophe und Romain aufgefordert, ein »*Streitbuch*« *zu führen, das wir gemeinsam alle zwei Monate analysieren werden, um zu versuchen, die Konflikte zu lösen. Nun bleibt abzuwarten, ob Kinderpsychiater gute Schlichter sind …*

Hat man es besser als älteres oder als jüngeres Kind? Wer von den Geschwistern hat die angenehmste, die bequemste Position? Diese Überlegung ist berechtigt, sobald man von einer Familie spricht. Und doch denke ich, daß die Frage nach dem Altersrang unter Geschwistern unerheblich ist. Denn was für die Entwicklung des Kindes zählt, für das Verhältnis zu den Eltern und für den Aufbau seiner Zukunft, ist nicht der Geburtenrang, sondern seine Persönlichkeit und seine Fähigkeit, sich neuen Situationen anzupassen. Das Verhältnis zwischen Geschwistern entsteht aufgrund äußerst feiner Mechanismen. Dabei spielt das Altersverhältnis nicht zwangsläufig eine Rolle.

Mir scheint, daß die Eltern von heute so große Fortschritte bei der Erziehung ihrer Kinder gemacht haben, daß die Gräben zwischen dem älteren und dem jüngeren Kind verschwunden sind. Ein entscheidender Punkt bleibt für mich als Jugendpsychiater allerdings bestehen: Die Eltern sind nach den Erfahrungen mit dem ersten Kind beim zweiten souveräner. Mit dem ältesten Kind begründen sie gleichsam ihre Elternschaft. Dank ihrer psychologischen Grundkenntnisse sind Eltern heute in der Lage, bei der Erziehung des zweiten Kindes gewisse Fehler zu korrigieren, die sie beim ersten vielleicht noch gemacht haben. Wenn zum Beispiel das Erstgeborene an Schlafstörungen litt, werden sie seinem Bruder oder seiner Schwester diesbezüglich mehr Aufmerksamkeit entgegenbringen, um dasselbe Symptom zu vermeiden. In dieser Hinsicht wird das zweite Kind wohl besser betreut und aufgezogen als das erste.

Auf dieselbe Weise profitiert das dritte Kind von der Erziehung des zweiten, das vierte von der des dritten und so fort. Weiter braucht man nicht zu gehen, weil kinderreiche Familien heute sehr selten geworden sind. In den meisten hochentwickelten Ländern besteht das Familienmodell aus zwei Kindern.

Die Position des Mittelkindes

Durch die Ankunft eines weiteren Kindes werden bisherige Vorrechte der anderen Kinder in Frage gestellt, egal wie alt sie sind. Wenn ein Bruder oder eine Schwester geboren wird, bedeutet das fast immer eine gleichzeitige Neuorganisation des Familienalltags: Das älteste Kind kommt in den Kindergarten, ist stärker in der Obhut des Vaters (also weniger abhängig von der Mutter), geht öfter zu den Großeltern. Auf der psychischen Ebene müssen die älteren Kinder mit der Idealisierung des Letztgeborenen zurechtkommen. Für das Mittelkind kann diese Situation recht unbequem sein: Es steht in direkter Konkurrenz zum dritten Kind und wird zugleich vom ältesten verachtet, auf das es auch manchmal eifersüchtig ist.

Arnaud, 14, hat ernsthafte Probleme mit seinem älteren Bruder Jérôme. Er ist in zweierlei Hinsicht benachteiligt, zum einen weil Jérôme viel größer ist als er, und zum anderen – das macht die Sache bedeutend problematischer – weil Jérôme seiner Mutter wie aus dem Gesicht geschnitten ist. Dafür hat Arnaud ein hervorragendes Verhältnis zu seiner jüngeren Schwester und ist in seiner Familie sowohl väterlicherseits als auch mütterlicherseits gut integriert.

Er berichtet mir begeistert von den beruflichen Erlebnissen seines Großvaters und spricht sehr kenntnisreich von der Handelsschiffahrt und Marine, wo dieser in verschiedenen Stellungen gearbeitet hat. Er selbst will Kampfpilot werden und auf einem Flugzeugträger stationiert sein; damit würde er das Wunschdenken der Familie vollständig umsetzen.

Sein Vater erfüllt seine Rolle bei seinen Kindern gut; er nimmt sie manchmal einzeln mit ins Kino, aber zuweilen auch die ganze Familie. Seine Mutter macht sich um Arnaud nicht allzu große Sorgen. Freilich sieht er ihr weniger ähnlich und auch intellektuell ist er nicht so begabt wie ihr Ältester, aber seine Schulnoten sind auch nicht wirklich schlecht.

Arnauds Eltern stören sich lediglich an vereinzelten Verhaltensformen. Arnaud zieht sich oft in sein Zimmer zurück und neigt dazu, sich gegenüber seinen Klassenkameraden aggressiv zu verhalten. Genau dadurch äußert der Junge seine Eifersucht gegenüber dem Bruder. Er weiß, daß er ihm physisch absolut nichts entgegenzusetzen hat. Es macht ihm zu schaffen, daß sein Bruder die Schule mit solcher Leichtigkeit meistert, und er leidet unter dessen Ähnlichkeit mit der Mutter, da er selbst gerade wieder in eine ödipale Phase eintritt.

Arnaud braucht psychologische Hilfe, um mit seinen Schwierigkeiten fertigzuwerden. Die Therapie schlägt sofort an, seine Schulleistungen verbessern sich umgehend. Im Jahreszeugnis stehen sehr gute Noten. Eigentlich ist die Rivalität zu seinem Bruder fruchtbar, denn er will ihm in seinem schulischen Erfolg gleichkommen. Letztlich beeinträchtigt sie weder seine psychische noch seine intellektuelle Entwicklung. Arnaud ist am Ende ein Mittelkind mit einem akzeptablen Verhältnis zu seinem älteren Bruder und versteht sich bestens mit der jüngeren Schwester.

Im allgemeinen ist ein Mittelkind hin- und hergerissen zwischen zwei Möglichkeiten, die sich zeitweise in Rivalität verkehren können: Es fühlt sich dem Letztgeborenen nahe, mit dem es sich durch regressives Verhalten zu identifizieren versucht, und wünscht sich zugleich ein enges Verhältnis zum Erstgeborenen, dem es gleichkommen möchte. So will es etwa bei Spielen mitmachen, die ihm noch nicht zugänglich sind, weil es nicht lesen kann. Oder das Mittelkind will unbedingt auch in den Kindergarten, obwohl es noch nicht einmal für ein paar Minuten auf sein Kuscheltier verzichten kann.

In manchen Familien habe ich bei den beiden großen Geschwistern eine regelrechte Rivalität beobachtet, wer das kleinste Kind in seine Obhut nehmen darf. Am eindeutigsten ist die Situation, wenn ein kleiner Junge auf zwei Mädchen folgt, die nicht weit auseinanderliegen: Die beiden konkurrieren dann miteinander, wer die beste »Puppenmama« ist. Sie beobachten sich gegenseitig, um herauszufinden, wer von ihnen das Baby besser mit der Flasche füttert, wer es geschickter wickelt, mit wem es am liebsten spielt… Bald schon entwickelt sich eine organisierte Rivalität. Eines der Mädchen kümmert sich wie eine Kinderpflegerin um das körperliche Wohlergehen; mit Begeisterung wiegt sie den Säugling und führt Buch über sein Wachstum. Die andere entdeckt ihre psychologischen Fähigkeiten, bemüht sich um Kontakt zu dem Kleinen und fördert es spielerisch. Auch wenn das Kind die Zuwendung seiner vielen Mamas vergißt, erinnern diese es sehr wohl daran, indem sie ihm lange mit einer Mischung aus Autorität und Nachsicht begegnen.

Ich persönlich glaube nicht an eine besondere Anfälligkeit des Mittelkindes. Das zweitgeborene Kind hat es oft leichter als das älteste. Denn dieses trägt die meisten Risiken in einer Familie; alle Wünsche und Projektionen der Eltern lasten auf ihm; manchmal setzt sich eine belastende Erwartungshaltung sogar über Generationen fort.

Durch ihre Erfahrungen beim ersten Kind begreifen die Eltern, daß die Entwicklung eines Kindes stärker von ihm selbst abhängt als von seinen Eltern. Zuvor hatten sie eine etwas andere Vorstellung davon, was es bedeutet, ein Baby aufzuziehen; nun stellen sie fest, daß das Kind durch die Einzigartigkeit seiner Persönlichkeit eher seine Eltern formt als umgekehrt. Dieser »Erziehungsprozeß« ist für die nachfolgenden Kinder äußerst bedeutsam, denn ihre Eltern sind nun weniger ehrgeizig und haben ihre Anforderungen etwas zurückgeschraubt. Ich stelle immer wieder fest, daß jüngere Kinder im Leben oft gut zurechtkommen und daß ihre Entwicklung verhältnismäßig problemlos abläuft. Ein Mittelkind steht weniger unter dem Druck der Eltern, die vollauf damit beschäftigt sind, das älteste Kind erfolgreich zu fördern und das Nesthäkchen zu bemuttern. So ist es für das mittlere keinesfalls frustrierend, sich am Abend allein vor dem Fernseher zu räkeln, während Papa das Baby badet und Mama mit dem großen Lesen übt.

Allerdings ist die Situation ganz anders, wenn das dritte Kind behindert ist. In diesem Fall kann die Pflege und die Sorge der Eltern um dieses jüngste Kind beim zweiten das Gefühl erwecken, es werde seiner Kindheit beraubt, weil seine Eltern wollen, daß es so schnell wie möglich selbständig wird. Häufig kommt es früher in den Kindergarten, manchmal sogar zu früh – schon mit zwei Jahren. Wutanfälle, schlechte Laune oder Schlafstörungen bringen in der Regel sein Unbehagen zum Ausdruck. Es versteht die Umstände natürlich nicht und möchte weiterhin bei seiner Mutter bleiben. In einer solchen Situation kann eine Intensivierung der Mutter-Kind-Beziehung die meisten Probleme lösen.

Wenn ich Eltern eines behinderten Kindes einen Rat geben sollte, egal ob es das erste, das jüngste oder ein mittleres Kind ist, so wäre es dieser: Das behinderte Kind sollte so selbständig wie möglich werden und über Zeit und Raum verfügen, in dem die »Trennung und Individuation« stattfinden kann. Sie sollten das Kind ruhigen Gewissens in eine Krippe, zur Tagesbetreuung oder in eine spezialisierte Einrichtung geben; nur dadurch kann man eine zu enge Mutter-Kind-Bindung verhindern, die den Erwachsenen zu erschöpfen und die möglichen Fortschritte des Kindes zu bremsen droht und zudem bei den Geschwistern komplexe Rivalitäten hervorrufen kann.

Ich erinnere mich an zwei Geschwister, einen gesunden Erstgeborenen und ein autistisches zweites Kind. Die Eltern hatten den älteren Sohn in ein Internat gegeben, um genügend Zeit zu haben, sich um den kleinen zu kümmern. Aber der Erstgeborene führte sich unmöglich auf und schlug alles kurz und klein, so daß man ihn im Internat nicht behalten wollte. Er fand wieder zu einem normalen Entwicklungsverlauf, sobald sein autistischer Bruder in einer geeigneten Einrichtung untergebracht worden war. Dieses normale Kind konnte nicht begreifen, warum zwischen seiner Mutter und seinem behinderten Bruder eine solch krankhafte Nähe bestand. Seine Streiche und Bosheiten bedeuteten: »Hört auf, euch ständig nur um ihn zu kümmern, mich gibt es auch noch.«

Das Mittelkind kann auch mit großen Schwierigkeiten zu kämpfen haben, wenn das Letztgeborene extrem idealisiert wird – zum Beispiel, wenn nach lauter Brüdern endlich ein Mädchen geboren wird oder umgekehrt. Aufgrund seines Geschlechts ist es ein »anderes« Baby, das die gesamte Aufmerksamkeit auf sich zieht, und zwar die der Eltern genauso wie die der Großeltern. Wenn eine solche Situation andauert, kann es zu einer dauerhaften Bevorzugung kommen, die für die anderen Kinder immer schwer zu ertragen ist. Selbst wenn ich mich hier wiederhole, möchte ich allen Eltern raten, das Neugeborene zum Wohle aller von Zeit zu Zeit einer der Großmütter oder einer Freundin anzuvertrauen. Die gewonnene Zeit kann man mit den anderen Kindern verbringen. Man sollte dann etwas mit ihnen unternehmen, das ihrem Geschlecht entspricht.

Wenn das »Einzelkind« Geschwister bekommt

Das Erstgeborene hat in der Familie immer die herausgehobenste Stellung, denn es hat vor der Ankunft des oder der Nachgeborenen etwas Einzigartiges erlebt. Für alle ist es dasjenige Kind, das die Familie begründet und damit die Fruchtbarkeit der Eltern bewiesen hat. Sein ehemaliger Status als Einzelkind rückt es näher an die erwachsenen Verwandten heran, mit denen es schon viel gespielt und entdeckt hat. Oft nimmt es in der Familiengeschichte einen wichtigen Platz ein. Wenn es zum Beispiel seine ersten Schritte auf den Wegen im Garten seines Großvaters gemacht hat, wird diese Erinnerung in die Familiengeschichte eingehen, was nicht der Fall ist, wenn ein nachgeborenes Kind dasselbe tut.

Es hat vor allem den Vorteil, das »erste« Kind zu sein, an dem die Meßlatte ausgerichtet wird, anhand derer sich Vergleiche zu den Geschwistern aufstellen lassen. Aufgrund seines Altersvorsprungs findet das älteste Kind früher als seine Geschwister sein Identifikationsmodell: Ein Junge bewundert seinen Papa, ein Mädchen ist entzückt, wenn es seiner Mutter ähnelt, während die anderen alle noch ihren Platz suchen. »Groß« zu sein, gibt dem ersten Kind auch Verantwortung in der Familie. Die Eltern können ihm zudem eine gewisse Autorität über die kleineren Geschwister verleihen. Große Geschwister sind häufig echte »Schutzengel«, die ihre Geschwister beschützen und für einige Zeit die Eltern ersetzen können. Manche nehmen diese Rolle nur widerwillig, andere sehr gerne an. Ein Erstgeborener kann hier bereits Verhaltensweisen ausprobieren, die er später als Erwachsener wiederholen wird. Sein Verhalten kann sogar eine Ahnung davon vermitteln, was für ein Ehepartner er einmal sein wird und welchen Platz er in der Gesellschaft sowie in seiner eigenen Familie einnehmen wird.

Ein sehr selbstbewußter kleiner Junge betritt mein Büro. Allerdings hat Benjamin von Zeit zu Zeit seine »Anfälle«: Er öffnet ein Fenster und brüllt nach draußen, oder er fängt während der Schulstunde plötzlich zu schreien an. Trotzdem ist er ein guter Schüler, der beste in seiner Klasse. Seine ältere Schwester Camille geht in dieselbe Schule. Ihr Vater ist beruflich stark eingespannt und daher nicht oft zu Hause. Er überläßt die Erziehung der Kinder vollständig seiner Frau. Diese führt die Familie auf ziemlich autoritäre Weise. Camille identifiziert sich stark mit ihrer Mutter und unterdrückt ihren Bruder; sie überlegt sich Streiche und schiebt sie ihm dann in die Schuhe.

So viel Ungerechtigkeit löst bei Benjamin blinde Wut aus. Seit einiger Zeit schreit er, noch bevor seine Schwester mit ihren Beschwerden über ihn fertig ist. Damit hat er ein Mittel gefunden, sie mundtot zu machen: Er übertönt ihre Worte mit seinen Schreien, und das so effektiv, daß die Nachbarn an die Wände klopfen.

Im Grunde verteidigt Benjamin sich ganz gut, auch wenn sein Verhalten für die Familie und die Umgebung schwer zu tolerieren ist. Um ihm zu helfen sich zu beherrschen, muß er unbedingt psychotherapeutisch betreut werden.

Als ich Benjamin ein paar Monate später wiedersehe, ist er mit seiner Psychotherapeutin äußerst zufrieden. Er vertraut mir an, was er vor allem an ihr schätzt: »Sie erzählt nicht wie meine Schwester alles meiner Mutter.«

Eltern sollten ihr erstgeborenes Kind ein altersgemäßes Leben führen lassen und es nicht älter machen, als es ist. Es muß manchmal klein sein dürfen, das ist die beste Vorsorge gegen künftige Probleme. Es darf Angst haben, müde sein, an den Weihnachtsmann glauben oder weinen, wenn ihm etwas wehtut. Eltern sagen ihrem ältesten Kind häufig, daß es groß ist, wenn es in ihrem Interesse liegt: Aber es weiß sehr genau, wie sie sich manchmal mit der Wahrheit arrangieren!

Das Erstgeborene ist auch ein guter Beobachter und weiß erstaunlich genau, wie viele Küsse und Streicheleinheiten die Eltern dem »Kleinen« zukommen lassen. Diesen käme niemals in den Sinn, so genau mitzurechnen. Egal wie alt es ist, das ältere Kind muß sich der Liebe seiner Eltern gewiß sein, sonst kann seine hartnäckige Eifersucht sämtliche familiären Beziehungen durcheinanderbringen.

Ebenso wichtig ist es, das Erstgeborene nicht in die Position eines »Ersatz-Elternteils« zu bringen oder es zum Vermittler zwischen Eltern und dem Spätergeborenen zu machen. Damit würde man ihm eine erdrückende Verantwortung aufbürden, die es manchmal auf seinen Kinderschultern gar nicht tragen kann. Es gehört zum Beispiel nicht zu seiner Rolle, die Hausaufgaben seines jüngeren Bruders zu überwachen oder ihn als »Mentor« bei seinen ersten Schritten im Sportverein zu begleiten. Man braucht nur zu beobachten, wie unwillig es solchen Aufgaben nachkommt, um zu begreifen, daß es einfach in aller Ruhe das Leben eines Kindes in seinem Alter führen will.

Brav zu sein, zu schlafen, wenn man schlafen soll, sein kleines Geschwisterchen nicht zu schubsen, obwohl es das manchmal wirklich verdient hat ... ein Vorbild zu sein, ist gar nicht einfach, und es ist sogar sehr mühsam, wenn es zum Dauerzustand wird. Die Frustration des älteren wird häufig als erstes am kleineren Kind ausgelassen.

Innerhalb der Geschwisterreihe hat das Erstgeborene die entscheidende Rolle, das Familiengedächtnis zu bewahren. Diese Funktion ermöglicht den Spätergeborenen einen Zugang zu Zeiten und Ereignissen, die sie selbst nicht erlebt haben, die aber zur Geschichte der Familie gehören. Das älteste Kind kann zum Beispiel noch einen Vorfahren gekannt haben, den die jüngeren nur von Fotos kennen, ein Haus, in dem die Familie vor ihrer Geburt gewohnt hat, oder einen inzwischen verstorbenen Hund oder eine Katze. Das älteste Kind erzählt Anekdoten, die die anderen nicht kennen, aber es ist auch eine hervorragende Gedächtnisstütze für Ereignisse, die sie vergessen haben. Es hat die Entwicklung jedes seiner Geschwister miterlebt; es hat sie ihre ersten Schritte machen sehen, ihre ersten Worte sprechen hören. Falls die Eltern sich trennen, wird seine Rolle noch viel wichtiger. Das Erstgeborene kennt die Geschichte von Fotos, Bildern, Gegenständen; indem es davon erzählt, macht es für alle Geschwister eine längst vergangene Zeit wieder lebendig.

Wenn die Familie einen schweren Schlag wie eine Scheidung oder einen Todesfall verkraften muß, erleben Erstgeborene häufig, daß ihre Rolle gewichtiger wird oder sich wandelt. Vor allem wenn sie an der Schwelle zum Erwachsensein stehen, bekommen sie klassischerweise die Rolle des verstorbenen Elternteils auferlegt. Auf diese Weise wurden nach der Katastrophe des Ersten Weltkriegs zahllose Jungen ihrer Jugend beraubt. Die älteste Tochter dagegen ersetzt oft die Mutter, wenn unter den Geschwistern noch kleine Kinder sind. Sie kann manchmal sogar eine Doppelrolle einnehmen: die der »Ersatzmutter«, um ihrer Mutter mit den kleinsten Geschwistern zu helfen, und die des »Ersatzvaters«, um den Mangel an Autorität auszugleichen, wenn der Vater fehlt.

Wenn die Rolle der Eltern in einer Familie geschwächt wird, können Erstgeborene für die Geschwister eine große Stütze sein. Sie können das Bild eines schwachen Vaters oder einer schwachen Mutter beeinflussen. Die Geschwister idealisieren das Erstgeborene, und dieses gleicht den Mangel an elterlicher Konsequenz oder Kompetenz aus. Deshalb betrachten manche Spätergeborenen das älteste Geschwister eher als Vater oder Mutter denn als Bruder oder Schwester. Solche Substitutionen sind besonders auffällig, wenn die Eltern sich trennen: Die ältere Schwester erzieht die kleinen Geschwister und ersetzt die Mutter, die die Kinder alleingelassen hat; oder der älteste Bruder nimmt für die kleineren verlassenen Kinder den Platz des Vaters ein, den sie zum Aufbau ihrer psychischen Identität brauchen.

Wenn die Eltern sich trennen, kommen die meisten Geschwister nicht auf den Gedanken, daß auch sie sich trennen müßten; nie beschließt ein Kind, bei der Mutter zu bleiben, wenn das andere sich für den Vater entscheidet. So einen ausgesprochenen Aufopferungssinn hat kein Geschwisterkreis. Die Kinder wollen zusammenbleiben, und zwar bei dem Elternteil, mit dem sie sich besser verstehen oder der dringender Schutz braucht. Gegenüber der emotionalen Gefahr, die eine Scheidung darstellt, bilden die Geschwister eine Gruppe, an deren Spitze sich das Erstgeborene stellt. Es übt psychischen Druck auf die jüngeren Kinder aus, damit sie auch seine Richtung einschlagen. Wenn also die Kleinsten sagen: »Wir wollen Papa (oder Mama) nicht sehen, weil wir ihn (sie) nicht lieben«, dann geben sie nur das wieder, was das älteste Kind ihnen pausenlos vorgesagt hat: »Ich liebe ihn (sie) nicht, weil er (sie) uns verlassen hat, und deshalb liebt ihr ihn (sie) auch nicht mehr.«

In den seltenen Fällen, in denen eine Scheidung die Trennung von Geschwistern nach sich zog, ist das nicht auf den Wunsch der Kinder zurückzuführen. Die Eltern entscheiden für sie und überzeugen sie dann davon, daß das die beste Lösung ist. Die meisten Kinder leiden unter dieser doppelten Trennung – von einem der Eltern und von einem Bruder oder einer Schwester.

Auch in Familien von Ausländern, die erst seit kurzem im Land leben, hat das Erstgeborene eine wichtige Rolle.

Vor allem die älteste Schwester füllt einen entscheidenden Platz aus, der dem der Eltern gleichkommt: Sie beschützt und erzieht die Kleineren, so wie es für sie als künftige Ehefrau auch vorgesehen ist. In sozial schwachen ausländischen Familien sind große Brüder häufig die ersten Identifikationsfiguren der Kleineren, und zwar weitaus eher als die Eltern, die durch ihre schwierige sozio-ökonomische Lage oft disqualifiziert sind: Sie sind arbeitslos oder üben einen sehr anstrengenden Beruf aus, kommen mit der Landessprache schlecht zurecht und können daher in der Familie nicht die stärkste Position innehaben. In Ausländerfamilien trifft man nicht selten auf Erstgeborene, die eine möglichst gute Integration anstreben und sich deshalb für ein kleineres Geschwister einsetzen, das außerhalb der Gesellschaft steht. Denn ein pubertierendes Kind stellt mit seiner Rebellion eine Gefahr für die Integration der ganzen Familie dar.

Cyril ist 17, David und Vincent sind zweieiige Zwillinge von 16 Jahren, und Antoine ist eben 14 geworden. In der Familie wird diese Jungenbande »die Daltons« genannt, und dieser Spitzname paßt ziemlich gut zu ihnen, denn sie hecken gemeinsam oder einzeln einen Streich nach dem anderen aus. Als sie klein waren, hatten sie sich zu Zweierpaaren zusammengeschlossen, jeweils die beiden, die sich am ähnlichsten waren: auf der einen Seite Cyril und Vincent, auf der anderen David und Antoine. Als sie größer wurden, verschob sich die Struktur unter den Geschwistern. Cyril ist ein Einzelgänger, fast wie ein Einzelkind. Seine Brüder gehen ihm ziemlich auf die Nerven. Die Zwillinge haben sich in gewisser Weise wiedergefunden, denn sie streiten viel. Antoine zieht seine Kindheit in die Länge, er hängt noch immer an Mutters Rockzipfel und beneidet gleichzeitig die großen Brüder um ihre Selbständigkeit.

Die Mutter ist mit diesen vier Jugendlichen völlig überfordert, zumal der Vater, der sich nicht stark genug fühlte, um der Situation Herr zu werden, sich resigniert zurückgezogen hat, und das auch im räumlichen Sinne. Cyril ist ein ernster, fleißiger Junge und im Gegensatz zu seinen Brüdern ein guter Schüler. Allerdings hat er keinerlei Einfluß auf sie. Liegt das an mangelndem Interesse? »Nein«, meint er, »es ist komisch, daß sie so anders sind als ich, aber das Problem ist, daß sie mich nicht als großen Bruder sehen, wir liegen zu nah beieinander.«

Diese Geschwisterreihe funktioniert wie die von Mehrlingen (Drillinge, Vierlinge ...). Die Altersunterschiede spielen fast keine Rolle mehr. Diese Situation tritt häufig dann auf, wenn Brüder und Schwestern auf den ersten Blick schwer voneinander zu unterscheiden sind, sei es aufgrund des geringen Altersunterschieds oder weil sie sich äußerlich stark ähneln. Solche Geschwister verhalten sich in ihrem täglichen Umgang ähnlich wie Zwillinge, aber ihre Identität baut sich auf eine andere Weise auf. Denn die Eltern wissen sehr wohl, daß es ein »großes« und ein »kleines« Kind gibt, und erziehen sie nicht auf dieselbe Weise, was selbstverständlich zu Rivalitäten führt. Diese kommen häufig indirekt zum Ausdruck, vor allem wenn die Größen- und Kräfteverhältnisse umgekehrt verteilt sind: Für einen Erstgeborenen ist es nie leicht, wenn ein kleineres Geschwister ihn um mehrere Zentimeter überragt, oder wenn klar ist, daß er in körperlichen Auseinandersetzungen immer den kürzeren zieht.

Erwachsene Geschwister als Bezugs- und Vertrauenspersonen

Die Stellung des Erstgeborenen wird mit der Zeit immer wichtiger. Wenn das ältere Kind erwachsen ist, ist es ein bedeutendes Glied im Familienbaum. Es bietet Schutz beim Tod der Eltern oder der Großeltern. Nach aller Logik wird es nach den Eltern als erstes sterben.

In der Regel wird dem Erstgeborenen das Erbe übertragen, die Familientraditionen zu bewahren: Es bringt die Familie zu Weihnachten zusammen, gratuliert den Geschwistern zum Geburtstag und zum Namenstag. Wenn es von Kindheit an von den Eltern als Ältester beziehungsweise als Älteste behandelt wurde und diese Rolle auch angenommen hat, behält es diese auch als Erwachsener bei. Dieser Status beeinflußt sein Leben positiv: Das Erstgeborene, das seine Rolle weiterhin annimmt, wenn es erwachsen wird, beweist, daß es seinen Platz unter den Geschwistern als angenehm empfunden hat.

Ich möchte die älteren Schwestern hier gesondert erwähnen. Wie alle Frauen haben sie eine unglaubliche Begabung, familiäre Bindungen aufrechtzuerhalten. Der Begriff der Familie ist ein femininer Begriff. Der älteste Bruder gibt oft gute Ratschläge, aber die älteste Schwester erinnert sich an alles, kocht das Gericht, das die Familientradition symbolisiert. Ganz offensichtlich gibt es eine Tradition, daß Erinnerungen über die Frauen weitergegeben werden. Die Älteste bewahrt lange Zeit Gegenstände auf, die ihrer Mutter oder Großmutter gehört haben: eine Stola, eine abgenützte Tasche, ein Kochbuch. Ein älterer Bruder wird eher die Uhr seines Vaters aufheben, einen Pferdesattel, die Angelruten seines Großvaters, das Familienarchiv, wenn es existiert. Man sieht deutlich den Unterschied: Jungen behalten die Trophäen, die den Ruhm der Familie symbolisieren, Mädchen vor allem die Zeugnisse der Fruchtbarkeit.

Nachahmung auf Schritt und Tritt

Das letztgeborene Kind bewundert das erstgeborene fast immer. Je mehr das jüngere das ältere Kind beobachtet, um so selbstverständlicher identifiziert es sich mit ihm. Letztgeborene haben einen enormen Vorteil gegenüber Einzelkindern: Sie haben einen Bezugspunkt, an dem sie ihre Zukunft ausrichten können.

Germain, neun Jahre, ist das Kind »exotischer« Eltern: Sein Vater stammt aus der Provence, seine Mutter aus Dänemark. Er hat große schulische Schwierigkeiten. Obwohl er intelligent und guten Willens ist, rafft er sich einfach nicht zum Lernen auf. Seine Mutter macht sich Sorgen: Kommen seine Probleme vielleicht daher, daß er schon als Kleinkind Dänisch gelernt hat? Ist die Zweisprachigkeit eine Belastung?

Doch das Problem liegt woanders. Germain fühlt sich bedroht von einem allzu brillanten großen Bruder, der mühelos durch die Schule gleitet wie auch durchs Leben – er ist ein erfolgreicher Surfer. Die Eltern sind sehr stolz auf ihn und begleiten ihn oft zu Wettkämpfen.

Wenn ich diesen kleinen Jungen betrachte, frage ich mich, wie es möglich sein soll, der Bruder eines Surf-, Tennis- oder Fußballcracks zu sein. Germain ist sich einfach nicht sicher, ob es sich überhaupt lohnt, ein guter Schüler zu sein. *Wie der Rest der Familie ist er fasziniert von seinem älteren Bruder und seinem Bilderbuchleben.*

Wenn man untersucht, auf welche Weise Kinder sich mit ihren Geschwistern identifizieren, beobachtet man manchmal erstaunliche Phänomene. So identifiziert sich beispielsweise ein Letztgeborener mit einem kranken Erstgeborenen, was um so häufiger ist, wenn die beiden Kinder das gleiche Geschlecht haben und kein großer Altersunterschied besteht.

»Guten Tag, Chloé und Adèle, seid ihr Zwillinge?« Die Eltern sehen mich erstaunt an: »Nein, sie sind beinahe 13 Monate auseinander.«

Dieser Altersunterschied ist so gering, daß die beiden oft wie Zwillinge zusammenleben. Das kann als Vorteil empfunden werden: Beide Kinder haben einen sehr ähnlichen Werdegang und dieselben Erinnerungen. Aber das begünstigt auch eine zu große Nähe und ist damit eine Quelle für Verwechslungen – genau in diese Falle bin ich getappt.

Eins der Mädchen geht in die erste, das andere in die dritte Klasse. Sie haben also einen sehr unterschiedlichen Wissensstand, was angesichts ihres geringen Altersunterschieds unverhältnismäßig erscheint. Dieser Unterschied beruht darauf, daß die Erstgeborene früher eingeschult wurde und daß eines der Mädchen im Dezember, das andere im Januar geboren wurde, was üblicherweise eine Einschulung in unterschiedlichen Schuljahren zur Folge hat.

Chloé und Adèle kommen in meine Praxis, weil sie Bettnässerinnen sind. Die Eltern, sehr verständnisvolle Leute, haben eine recht erfolgreiche Behandlung versucht, bei der eine Maltherapie mit Belohnungen und homöopathischen Mitteln kombiniert wird. Die Jüngere sagt, sie nehme »Mopathie«, die Ältere spricht von einer »Behandlung mit Belohnungen«.

Im Laufe des Gesprächs kommt ein weiteres Problem zutage: Die Mädchen sagen mir, daß sie sich im Dunklen fürchten und Licht brauchen, um weniger Angst zu haben. Die Eltern erklären, daß jede diesbezüglich ihre kleine Manie hat: Die Große läßt gerne Papa oder Mama das Nachtlicht einschalten, während die Kleine ihr Licht selbst anmachen will, weil sie sonst, so sagt sie, weiter Angst vor der Dunkelheit hat. Zudem erklärt sie jedesmal, sie wolle nicht »herumkommandiert« werden!

Durch den Widerstand gegen ihre Eltern bringt sie indirekt die Rivalität zum Ausdruck, die sie ihrer Schwester gegenüber empfindet. Wenn sie die autoritäre Geste des Vaters oder der Mutter hinnehmen würde, verhielte sie sich wie ihre große Schwester, was für sie aber nicht möglich ist, da sie schließlich kleiner ist.

Ich schlage den Eltern vor, die Mädchen von zwei verschiedenen Psychotherapeuten betreuen zu lassen, die zusammenarbeiten, so daß man die Entwicklung von beiden beobachten kann. Die Reaktionen der beiden Kinder sind außergewöhnlich: Schon nach zwei Sitzungen will die Kleine, daß die Eltern ihr Nachtlicht einschalten, während die Große erklärt: »Ich bin die Ältere, also mache ich das ganz alleine.«

Mit Hilfe therapeutischer Begleitung lassen sich die Probleme der Enuresis in der Regel schnell lösen, weil ihr eine geschwisterliche Rivalität zugrunde liegt. Tatsächlich verschwindet die Enuresis bei Chloé, der Älteren, ganz von allein, sobald sie ihre Schließmuskelreflexe genügend trai-

niert hat. Die jüngere Schwester dagegen ist ohnehin nur aus Eifersucht Bettnässerin und hatte sich gleichsam »anstecken« lassen.

Einen älteren Bruder oder eine ältere Schwester zu haben bedeutet, daß man über eine Identifikationsfigur verfügt, die »auf Augenhöhe« steht, während ein Einzelkind nur von Erwachsenen umgeben ist: seinen Eltern. Erstgeborene sind für nachfolgende Geschwister immer ein Stück weit »Puppenvater« oder »Puppenmama«, vor allem bei einem großen Altersunterschied. Ihre Idealisierung durch die kleineren Geschwister kann extreme Formen annehmen.

Benoît, fünf Jahre, ist ein sympathisches, willensstarkes Kind. Er ist intelligent, aber von Selbstzweifeln geplagt. So ist er zum Beispiel immer besorgt, ob er auch erfüllen wird, was seine Erzieherin ihm aufträgt. Er hat ein hervorragendes Verhältnis zu seinem 16jährigen Bruder.

Benoît kommt zur Behandlung, weil er sich im Kindergarten heftig mit einem anderen Kind prügelt, das ein Jahr jünger ist als er. Seine Handgreiflichkeiten begründet er mit einem einzigen Satz: »Er ist nicht mein Bruder.« Seine Eltern haben versucht, ihn zur Vernunft zu bringen und die Ursache für seine Aggressivität zu ergründen, aber ohne Erfolg. Sein Verhalten macht ihnen Sorgen.

Während der Sitzung berichtet mir der Vater von einer Überlegung, die Benoît oft anstellt: »Warum bin ich nicht als erster geboren?« Dieses Bedauern untermauert meine Diagnose: Benoît idealisiert seinen großen Bruder. Bei ihrem Altersunterschied hat er keinerlei Aussichten, ihn einzuholen, und so entscheidet er sich für die Regression und spielt zu Hause das Baby. Im Kindergarten ist es anders: Das Kind, das er schlägt, dient ihm, wie ein kleiner Bruder, als Sündenbock. Er mißhandelt es, denn schließlich ist er älter, und zugleich läßt er es wissen, daß es nicht sein Bruder ist. Dazu kommt, daß Benoît sehr unter dem Tod seiner Großmutter leidet, nicht etwa weil er ihr besonders nahestand, sondern weil er eifersüchtig auf seinen Bruder ist, der oft von seinen schönen Ferien bei ihr erzählt.

Die Beziehungen zwischen Erst- und Spätergeborenen verstärken sich beim Tod der Eltern manchmal zu sehr. Verschiedene Identifizierungen überschneiden sich und werden daher umstrukturiert. Identifizieren sich mehrere Kinder mit einer Person, kann es hier zu einer Verstärkung kommen. Andere Identifizierungen, die sie nicht teilen, verschwinden. Meines Erachtens sind die Projektionen der Spätergeborenen auf die älteren Geschwister äußerst komplex.

Stellen wir uns vor, welches Bild ein kleines Mädchen vom männlichen Geschlecht bekommt, wenn in ihrer Familie der Vater sowie der große Bruder auf Distanz gehen. Für sie sind Gefühlskälte und Gleichgültigkeit charakteristisch für Männer. Ein anderes kleines Mädchen hat einen eifersüchtigen oder gar aggressiven Bruder und einen von der Familie getrennt lebenden Vater; paradoxerweise verhilft ihr diese Situation zu einem konstruktiven Kontakt mit dem männlichen Pol in der Familie. Sie wirkt sich also positiv aus, obwohl sie auf den ersten Blick negativ zu sein scheint.

Groß oder Klein: Jeder hat eine eigene Persönlichkeit

Die Französische Revolution, die Erklärung der Menschenrechte und die Verfassung moderner Rechtssysteme haben das Leben von Spätergeborenen völlig verändert. Bevor die ältesten und die jüngeren Geschwister in bezug auf das väterliche Erbe theoretisch rechtlich gleichgestellt waren, hatte ein Spätergeborener beim Tod der Eltern den Schoß der Familie zu verlassen und sein Schicksal selbst in die Hand zu nehmen.

Obwohl die Begriffe vom Erst- und Spätergeborenen sich in unseren Gesellschaften erheblich gewandelt haben, ist das Zusammenleben noch heute nicht immer einfach. Jedes Kind hat seinen eigenen Charakter, und trotz der gemeinsamen Eltern und des gleichen genetischen Erbes denken sie nicht unbedingt ähnlich und sind oft durchaus verschiedener Meinung. Jeder entwickelt sich in seinem eigenen Rhythmus; manche Kinder haben mit Schwierigkeiten zu kämpfen, andere nicht.

Déborah ist 15 Jahre alt, sie ist die zweite von drei Schwestern. Schon auf den ersten Blick wirkt sie sehr depressiv. Im Einzelgespräch sagt sie mir, sie habe Angst vor allem, und beklagt ihre schlechten Beziehungen zu den Schwestern, die sich häufig über sie lustig machen. Erst als ich etwas über ihre frühe Kindheit erfahre, begreife ich, was ihr zu schaffen macht.

Als kleines Mädchen teilte sie zunächst das Zimmer mit ihrer großen Schwester, dann schlief sie mit der jüngsten in einem Bett. In ihrer Nähe fühlte sie sich nie wohl. Sie klopfte jede Nacht an die Wand zum elterlichen Schlafzim-

*mer, um sich zu vergewissern, daß ihre Mutter noch da war.
Déborah hatte also lange Zeit mit einer Störung der »Trennung und Individuation« zu tun. Es fiel ihr schwer, die
Mutter innerlich loszulassen. Diese hatte gehofft, die Trennung mit Hilfe der Schwestern zu fördern. Aber leider können Geschwister diese Funktion nicht erfüllen. Déborahs
Mutter verstand nicht, was mit ihr los war, da weder die
Älteste noch die Jüngste dieses Verhalten aufwiesen.*

*Heute möchte Déborah gerne selbständig sein, aber sie
kann ihre Mutter immer noch nicht ganz loslassen. Sie leidet unter einer doppelten Angst: Sie befürchtet, nicht selbständig zu sein wie ihre Schwestern sowie verlassen zu
werden oder sich zu verirren, sobald sie allein ist. Ihre
Angst äußert sich durch eine Neigung zu Depressionen,
die eine ärztliche Behandlung erfordert.*

In der Regel steckt das Erstgeborene nach ein paar Wochen
der Ungewißheit gegenüber dem neugeborenen Kind sein
Terrain ab und richtet sich darauf ein, seine Grenzen zu
schützen und seine Vorrechte zu bewahren. Dank seines
Altersvorsprungs verfügt es wenigstens eine Zeitlang über
die nötigen physischen Kräfte, um sich durchzusetzen. Um
etwas dagegenzusetzen und sich nicht in der Situation
eines Leibeigenen wiederzufinden, muß das jüngere Kind
zwangsläufig kreativ nach einer eigenen Nische suchen.

Dies hat im Rahmen verschiedener Studien zu der
Behauptung geführt, daß Erstgeborene meistens Perfektionisten sind, Konservative, die bereit sind, sich für den
Erfolg beträchtlich einzusetzen. Spätergeborene dagegen,
die sich ihren Platz an der Sonne erst erkämpfen müssen,
sind demzufolge in der Regel wagemutiger und aufsässig.
Ich möchte allerdings mit der Vorstellung aufräumen, die

von einigen Soziologen vertreten wird, der Geburtenrang beeinflusse die Herausbildung des Charakters. Die Methodik der Soziologie beruht auf der Untersuchung von Versuchsgruppen, aus deren Verhalten allgemeingültige Verhaltensformen abgeleitet werden. Aber die Entwicklung des Kindes und des Erwachsenen ist die Sache der Psychologie, die das Verhalten einzelner erforscht. Egal, wie renommiert und wie zahlreich diese Soziologen auch sein mögen und wie groß die untersuchten Gruppen auch sind, im Leben ist immer das eigene »Selbst« wichtig. Interessant ist nicht, wie Familien generell funktionieren, sondern wie die eigene Familie funktioniert.

Die Vorstellung, daß Erstgeborene Perfektionisten sind, die von Natur aus zur Identifikation mit dem Vater beziehungsweise der Mutter neigen, und daß Letztgeborene Rebellen sind, ist allzu simpel. Die Kinder, die in meine Praxis kommen, beweisen mir jeden Tag, daß man solch generelle Aussagen auf diesem Gebiet nicht treffen kann. Ich sehe häufiger regressive Letztgeborene als rebellische, es gibt unzählige Erstgeborene, die das Baby spielen und mit acht Jahren noch das Fläschchen ihrer zweijährigen Geschwister klauen, die also keinesfalls dazu neigen, perfektionistisch oder autoritär zu werden; ganz zu schweigen von den großen Geschwistern, die ihrer Zerstörungswut freien Lauf lassen, während die kleinen sich ganz entsprechend den Wünschen der Eltern verhalten.

Selbstverständlich gibt es auch in der Psychologie Situationen, die bei verschiedenen Kindern ähnliche Reaktionen hervorrufen. Aber jedes Kind ist einzigartig, und die Stellung in einer Geschwisterreihe ist nur einer von vielen Faktoren, die uns zu dem machen, was wir sind.

Faire Wettkampfbedingungen

Der Geschwisterkreis ist ein Ort des Wettkampfs; die Kleinsten wollen die Größeren ein- oder gar überholen, während diese alle Hebel in Bewegung setzen, um ihre Vorherrschaft zu wahren. Es ist die Aufgabe der Eltern, Rivalitäten zu vermeiden und einen konstruktiven Wettbewerb zu organisieren. Dazu ein konkretes Beispiel: Alle Kinder malen ein Bild und wollen von den Eltern eine Beurteilung haben. Damit keiner der kleinen Künstler sich frustriert fühlt, ist es unerläßlich, die Qualitäten jedes einzelnen hervorzuheben. Es ist allgemein bekannt, daß kleinere Kinder vor allem phantasievoll sind und größere Meister der Perspektive und der Architektur. Erst durch die Beobachtung der einzelnen Begabungen wächst die Lust darauf, sich selbst weiterzuentwickeln, das ist bei Künstlern genauso wie bei Geschwistern. Alle treten miteinander in einen Wettstreit, um daran zu wachsen.

Große und kleine Geschwister sind so etwas wie Radrennfahrer bei der Verfolgungsfahrt. Am Start befinden sich die beiden Sprinter in einem labilen Gleichgewicht; sie beobachten sich gegenseitig, warten ab, wer als erster losfährt. Sobald einer sich ins Rennen wirft, folgt ihm der andere wie von einem Magnet angezogen, holt auf und überholt ihn schließlich. Der Wettkampf zwischen Brüdern und Schwestern muß genauso fair ablaufen wie im Sport.

Die Eltern müssen darauf hinarbeiten, Klischees über die Geschwisterränge abzulegen: etwa, daß das Erstgeborene gewissenhaft und eifrig sei, das Mittelkind sich zwischen zwei Polen befinde und das Letztgeborene verletzlich sei und von den beiden anderen gepiesackt werde.

Wenn man versucht, ein Kind in eine Rolle hineinzuzwingen, hemmt man damit automatisch seine Entfaltung.

Ein Schubladendenken ist immer ein Problem, und häufig besteht ein Zusammenhang mit dem, was die Eltern mit ihren eigenen Geschwistern erlebt haben: Sie projizieren ihre eigenen Erinnerungen als Erst-, Letzt- oder Mittelgeborenes auf ihr Kind.

Statt dessen sollten Eltern die Charakterzüge, die ihre Kinder voneinander unterscheiden, positiv hervorheben und jedes seinem Alter und seiner Persönlichkeit entsprechend behandeln. Ich kann nicht genug betonen, daß man Vergleiche möglichst vermeiden sollte, damit keines der Kinder einen Minderwertigkeitskomplex entwickelt. Die grundlegende Aufgabe der Eltern ist es, jeden seinen Platz finden zu lassen, zunächst innerhalb der Familie und später in der Gesellschaft. Ich stelle täglich fest, wie verheerend es ist, Geschwister miteinander zu vergleichen und welche schlimmen Konsequenzen das vor allem in schulischer Hinsicht haben kann. So sabotieren manche Kinder geradezu ihre Schullaufbahn, um es nicht so zu machen wie ihr Bruder oder ihre Schwester.

Maxime steckt in einer schwierigen Phase. Er klaut aus dem Geldbeutel seiner Mutter sowie aus den Schultaschen seiner Kameraden; sogar bei der Großmutter hat er beim letzten Besuch eine kleine Silberdose mitgehen lassen. Sein sechstes Schuljahr ist für ihn eine Quälerei, und die Lehrer klagen über seine Frechheit.

Maxime ist das jüngste von drei Geschwistern. Sein Bruder und seine Schwester sind den Lehrern als exzellente Schüler in bester Erinnerung, und sie weisen Maxime ständig wieder auf sie hin. Beinahe alle empfingen ihn am An-

fang des Schuljahres beim Durchgehen der Klassenliste mit einem »Ah! Du bist der Bruder von Thomas und Murielle! Was für gute Schüler…« Und jedesmal, wenn er eine schlechte Note bekommt, bemerken die Lehrer unweigerlich, daß seine großen Geschwister die Aufgabe mit Leichtigkeit gemeistert hätten.

Maxime hat beschlossen, sich dadurch hervorzuheben, daß er genau das Gegenteil von seinen Geschwistern tut, also versagt er in der Schule. Das ist seine eigene Art, sich unter den Geschwistern einen unverwechselbaren Platz zu verschaffen. Und indem er zum Problemkind wird, erweckt er bei allen Aufmerksamkeit. Endlich, so denkt er, kümmert man sich um ihn. Aber Maxime geht in seine eigene Falle: Seine Intelligenz ist weniger stark ausgeprägt, und so leidet er bald unter einer Störung des Selbstwertgefühls, so daß eine Psychotherapie notwendig wird.

Wenn die Rivalitäten zwischen älteren und jüngeren Geschwistern zu stark werden oder von Lehrern und Eltern ungeschickt gefördert werden, dann hat das schwächere oder sensiblere Kind ständig das Gefühl zu versagen. Es fühlt sich gegenüber seinem Schicksal machtlos und hält sich für unfähig, die Träume seiner Eltern zu erfüllen. Es beginnt an allem zu zweifeln, insbesondere an sich selbst. Um den Erfolg anderer zu akzeptieren und zu begreifen, muß man zunächst sich selbst wertschätzen und sicher sein, daß ihr Erfolg einen selbst nicht benachteiligt, vor allem nicht in bezug auf die Zuneigung der Eltern.

Sich selbst annehmen, um andere lieben zu können

Vieles im Leben hängt meines Erachtens vom Selbstbild ab. Manche Kinder haben von Natur aus ein positives Selbstbild und überwinden ohne Schwierigkeiten alle familiären oder schulischen Probleme und später auch die, die ihnen im Leben begegnen. Andere haben es schwerer, ihren Narzißmus zu entwickeln; ihr fehlendes Selbstvertrauen macht sie verletzlich. Sie fühlen sich durch einen brillanten Bruder oder eine hervorragende Schwester angegriffen, durch Eltern, die allzusehr an sie hinreden, oder durch Lehrer, die sie zu häufig mit ihren älteren Geschwistern vergleichen. Diese Kinder brauchen Hilfe dabei, ein stabiles Selbstbild herauszubilden. Wer an sich selbst zweifelt, zweifelt an allem, und in erster Linie an der Liebe seiner Eltern.

Es ist tatsächlich unabdingbar, sich selbst zu lieben, bevor man von anderen geliebt werden kann, von seinen Geschwistern und von all den Menschen, denen man eines Tages begegnet. Das Selbstvertrauen macht es möglich, im Leben erfolgreich zu sein und sich selbst als liebenswert zu empfinden. Man glänzt in den Augen der anderen nur dann, wenn man selbst davon überzeugt ist, daß man glänzen kann!

3 Bruder und Schwester: Die Konkurrenz der Geschlechter

»Schau mal, das neue Baby hat ja gar keinen Pimmel!«, »Guckt her, das kleine Brüderchen macht aber komisch Pipi...« So lauten die ersten Feststellungen, wenn Brüder und Schwestern sich gegenseitig entdecken. Sie wissen noch nicht, daß dieses anatomische »Detail« den Unterschied zwischen den Geschlechtern begründet und eine ganze Reihe von differenzierten Empfindungen mit sich bringt.

Meines Erachtens ist die Entdeckung eines zwei- oder dreijährigen Erstgeborenen, daß nicht alle Kinder in einer Familie nach ein und demselben Modell geformt sind, eine der grundlegenden Voraussetzungen für die Sexualität. Freud – dessen sehr männlich geprägte Position sicher kritisierbar ist – lag nicht falsch, als er den Ödipuskomplex als ein Phänomen definierte, das eng mit dem Thema der Kastration verbunden ist.

Um es zusammenzufassen: Wenn kleine Jungen merken, daß manche Kinder kein sichtbares Geschlechtsteil haben, bekommen sie Angst, das ihre zu verlieren, für ein inzestuöses Begehren mit Kastration bestraft zu werden, weil der Phallus die männliche Macht symbolisiert; und kleine Mädchen denken, sie seien noch nicht ganz fertig, ihnen fehle noch etwas, etwas, das sie einmal besaßen und dann verloren haben.

Als Mädchen einen Bruder oder als Junge eine Schwester zu haben, ist für die Entwicklung der kindlichen Sexualität mit Sicherheit ein Vorteil. Im Kontakt mit dem anderen kann das Kind alle Fragen stellen, die es bestürmen. Es wird nicht durch die natürliche Scham gebremst, die es gegenüber seinen Eltern empfindet. Es muß den Mädchen auf dem Pausenhof nicht mehr den Rock hochheben oder die Jungen heimlich in der Toilette beobachten und erspart sich damit die Vorhaltungen der verantwortlichen Aufsichtspersonen.

In der ödipalen Phase lernt das Kind in der Regel die Geschlechter differenziert voneinander zu unterscheiden. Es identifiziert sich immer stärker mit seinem eigenen Geschlecht. Dabei hilft ihm das erzieherische Verhalten der Eltern und all derer, mit dem es zu tun hat. Gleichzeitig will es dem Elternteil seines Geschlechts möglichst gleichen, so daß es versucht, beim anderen Elternteil dessen Platz einzunehmen. Daher erlebt es den Unterschied zum anderen Geschlecht noch stärker als zuvor. So kommt es, daß ein kleines Mädchen alles dransetzt, seinen Vater zu verführen, während ein kleiner Junge zärtlich in seine Mutter verliebt ist.

Bei den Kindern, die meine Klienten sind, stelle ich häufig fest, daß ein großer Teil kindlicher Beziehungsprobleme zwischen Brüdern und Schwestern aus der unbefriedigenden Lösung von ödipalen Problemen resultiert. Üblich sind zwei Arten von Auffälligkeiten: reine Eifersucht und ein Unverständnis für die Verhaltensweisen des jüngeren Kindes seitens des Erstgeborenen, der dieses Entwicklungsstadium bereits überschritten hat. Man versetze sich doch einmal in die Lage zweier kleiner Jungen, die etwas über ein Jahr auseinander sind und die um das Herz ihrer Mutter konkurrieren – oder von zwei kleinen Mädchen, die in der Verführungskunst um ihren Vater miteinander rivalisieren: eine unerträgliche Situation!

Aber die Sache ist genauso kompliziert, wenn fast gleichaltrige Kinder nicht dasselbe Geschlecht haben. Denn der Ödipuskomplex wird nicht als eine eindeutige Entscheidung für eines der beiden Elternteile erlebt. Die Gefühle gehen viel stärker durcheinander, denn man kann unmöglich ausschließlich der Rivale des Elternteils sein, das zugleich die Identifikationsstütze darstellt.

Wenn der Altersunterschied zwischen den Kindern mehrere Jahre beträgt, sind zwei Situationen denkbar. Entweder haben ein oder zwei Kinder die ödipale Phase bereits hinter sich gebracht und verstehen nicht, warum das Kleine so stark an der Mutter oder dem Vater klebt; sie finden sein Verhalten übertrieben und peinlich. Oder aber ein älterer Bruder, der sich stark mit dem Vater identifiziert, erträgt es nicht, daß die Schwester ständig dessen Nähe sucht. Eine ältere Schwester dagegen findet, daß ihr kleiner Bruder, der dauernd der Mutter hinterherläuft, wirklich ziemlich unreif ist! Rempeleien, Zwicken und Zankerei sind Ausdruck einer gewissen Verzweiflung. Solche Aggressionen versuchen die Eltern immer zu unterbinden. Viele Kinder beschließen deshalb, ihr Leid indirekt zum Ausdruck zu bringen. Somit werden die Eltern zum »Opfer« eines besonders nervenaufreibenden Kindes. Nach meiner Erfahrung ist das ein geradezu klassischer Fall.

Die Mutter, die sich mir gegenübersetzt, ist am Ende. Sie hat ihre beiden Kinder dabei: Dorothée, fünf, und Grégory, dreieinhalb Jahre. Sie lebt alleine mit ihnen, da ihr Mann im Ausland arbeitet. Sie ist mit den Kindern überfordert: Dorothée setzt ihr arg zu, und Grégory macht seiner großen Schwester alle Dummheiten nach. Dorothée erklärt, daß sie ihren kleinen Bruder und die Mutter liebt, aber da ist eben ein »kleiner Teufel« in ihrem Hirn, der ihr aufträgt, zu bocken und Unsinn zu machen, um ihre Mutter zu ärgern.

Dank der Metapher vom »kleinen Teufel« kann Dorothée zunächst ihr Geschlecht wechseln – denn sie spricht nicht von einer »Teufelin« –, und dann kann sie diesem häßlichen Persönchen alle ihre negativen Emotionen zuschreiben, die damit nicht mehr ihre eigenen sind. In Wirklichkeit konkurrieren Dorothée und Grégory um die Liebe ihrer Mutter. Grégory versteckt sich dahinter, daß seine Schwester schuld ist, und fühlt sich in Sicherheit: Er weiß, daß er die Zuneigung der Mutter behalten wird. Dorothée erfindet zur Rechtfertigung ihres Verhaltens einen kleinen Teufel, der wie durch Zufall das Geschlecht ihres Bruders hat und sie unter Druck setzt. Ihre geschwisterliche Rivalität basiert also auf dem Ödipuskomplex. Denn dieser äußert sich nicht nur in der Liebe des kleinen Jungen zu seiner Mutter, sondern ist zugleich ein Mechanismus, bei dem das kleine Mädchen sich mit seiner Mutter identifiziert. Und Dorothée muß sich mit ihr identifizieren, um ihren Vater und später einen Partner lieben zu können. Ihre affektive Projektion auf die Mutter rivalisiert also mit der klassischeren Beziehung zwischen Mann und Frau, die diese zu Grégory aufgebaut hat. Dorothée ist eifersüchtig auf ihren kleinen Bruder, weil sie meint, er würde bevorzugt. Vielleicht macht sie ihrer Mutter absichtlich Schwierigkeiten, damit ihr Vater trotz der Entfernung eingreift und sich ihr nähert.

Diese Geschichte verdeutlicht den grundlegenden Unterschied zwischen der Kinder- und der Erwachsenenpsychologie sehr gut. Wenn ein Erwachsener erzählt, er sei von einem Teufel besessen, so erliegt er einer paranoiden Psychose, während ein Teufel beim Kind eine Phantasiegestalt ist. Er gehört zur normalen Phantasiewelt von Kindern. Diese existiert manchmal auch noch bei größeren Kindern, so daß sie weiterhin an kleine Teufel, an Feen und Drachen glauben.

Vor einiger Zeit betreute ich ein junges Mädchen, das bereits in der achten Klasse war und immer noch an Drachen und Dinos glaubte. Sie war sympathisch und intelligent, aber sie war in eine solch komplexe Rivalität mit ihren Geschwistern verstrickt, daß sie noch an solche Monster glaubte – wahrscheinlich ihre Geschwister.

Ein allzu verklärtes Bild

Wenn Paare mit einem einzelnen Kind in meine Praxis kommen, erkundige ich mich in der Regel, ob sie daran denken, ein zweites Kind zu bekommen. Ich muß sie nie fragen, ob sie sich ein Mädchen oder einen Jungen wünschen, denn sie erklären fast immer von allein, daß sie gerne ein Kind des anderen Geschlechts wollen. Vielleicht meinen sie unbewußt, daß die Probleme, die sie in meine Praxis führen, mit einem Kind des anderen Geschlechts nicht auftreten können.

Eltern stehen ziemlich stark unter dem Einfluß des Bildes von einer idealen Familie. Einen Sohn und eine Tochter zu haben, ist jedermanns Traum. Das gilt noch heute, und zwar in dieser Reihenfolge. Die Vorstellung vom männlichen Erstgeborenen, der den Namen fortleben läßt, ist weiterhin fest im Bewußtsein verankert. Es bleibt zu wünschen, daß die neue Gesetzeslage, nach der Frauen ihren Namen behalten können, einen Einfluß auf den Geschlechterwunsch haben wird, den die Eltern auf ihre ungeborenen Kinder projizieren.

Warum wünschen Eltern sich so sehr, Kinder von beiden Geschlechtern zu haben? Meinen sie, daß sie so weniger zu Streit und Zank neigen? Nein – sie denken in erster Linie an sich selbst! Sie wollen zwei verschiedene Erfahrungen machen, und beiden Partnern soll ermöglicht werden, eine geschlechtliche Nähe aufzubauen. Der Junge oder das Mädchen, das man sich so wünscht, wird zum Träger der Erinnerungen an das Kind, das man gewesen ist, und an den Erwachsenen, der man geworden ist. Deshalb wünscht sich die Frau in der Regel ein Mädchen und der Mann einen Jungen. Mütter erwarten Mädchen, um in der Realität mit der Puppe zu spielen, und Väter träumen von Söhnen, denen sie die körperlichen, die sportlichen Spiele zeigen können. Der Verführungskunst zuliebe oder aufgrund der Liebe, die ein Paar verbindet, drehen sich diese Neigungen manchmal um: Dann wünscht sich die Frau einen Jungen oder der Mann ein Mädchen und demonstriert damit seine Zuneigung zum Partner. Bis jetzt entscheidet ja noch die Natur darüber, aber angesichts der Fortschritte der Wissenschaft ist Vorsicht geboten! Aus all diesen Gründen vergrößern Paare mit gleichgeschlechtlichen Kindern ihre Familien – stets auf der Suche nach dem Kind, das ihnen noch fehlt.

Der Einfluß des Geschlechts

Die meisten Eltern, die nur Kinder eines Geschlechts haben, finden sich irgendwann damit ab, daß der so sehnsüchtig erwartete Sohn oder die ersehnte Tochter nicht kommen. Ich habe sogar das Gefühl, daß sie sich auf diese Enttäuschung bereits mit der Geburt des dritten Kindes vorbereiten. Manche entschließen sich, wenn das Schicksal hart bleibt, beim vierten oder fünften Kind mehr oder weniger bewußt für einen doppeldeutigen Namen: Dominique, Luca, Alexander/andra usw. Ein solches Kind kann später Schwierigkeiten beim Aufbau seiner Geschlechtsidentität haben, vor allem wenn die Eltern aufgrund ihres Wunsches dazu neigen, es abzulehnen, und es hartnäckig so erziehen wie das andere Geschlecht. Vor ein paar Jahren habe ich einen etwa 40jährigen Mann kennengelernt, dessen Geschichte ziemlich unglaublich klingt.

Paul ist der jüngste von vier Brüdern. Seine Mutter hat ihn sich gewünscht, weil sie hoffte, so ihre Partnerschaft retten zu können. Er kann diese Aufgabe nicht erfüllen, und wenige Monate nach seiner Geburt trennen sich die Eltern. Pauls Mutter ist überzeugt davon, daß ihr Mann sie nicht verlassen hätte, wenn dieses Kind ein Mädchen gewesen wäre. Mehr und mehr verwandelt sie den kleinen Jungen in ein Mädchen. Seine ganze Kindheit über trägt er geschlechtsneutrale Kleider und hat lange Haare. In der Schule hat er vor allem Freundinnen, er bringt nur wenige Kinder mit nach Hause. Wenn er nicht in die Schule geht, kommt es sogar vor, daß seine Mutter ihn in einen Rock steckt und ihm Zöpfe flicht.

Als Erwachsener wird Paul Sekretär in einer PR-Agen-

tur. Er ist sensibel und liebenswürdig, aber er macht von Zeit zu Zeit depressive Phasen durch. Seine Arbeitskollegen sind unterschiedlicher Meinung: Für die einen ist er eine Frau, für die anderen ein Mann. Aufgrund seiner sportlichen Kleidung und seiner halblangen Haare läßt sich sein Geschlecht nicht ohne weiteres erkennen. Alle vermeiden es tunlichst, ihn bei einer Unterhaltung als »Herr X« oder »Frau X« anzusprechen.

Einige Jahre nach dem Tod seiner Mutter versucht Paul, männlicher zu werden. Er trägt jetzt Anzüge und Männerhemden. Aber sein Auftreten, seine Gestik, die Art, wie er sich ausdrückt, seine Interessen weisen noch immer die Spuren der ihm auferlegten Weiblichkeit auf.

Es ist bedauerlich, daß niemand in Pauls Leben eingegriffen hat, um die Notbremse zu ziehen, und daß seine Mutter nicht wegen seelischer Mißhandlung beim Jugendamt angezeigt wurde.

In jedem Fall scheint es erwiesen, daß Jungen es schwerer haben, zu ihrer männlichen Identität zu finden. Diese beruht auf einem relativ frühen Bruch der engen Bindung zwischen der Mutter und dem kleinen Jungen, der aber eine notwendige Voraussetzung dafür ist, daß er beim Heranwachsen seine Männlichkeit behaupten kann. Nur seine Eltern können ihm bei dieser seelischen Arbeit helfen; insbesondere der Vater spielt dabei eine entscheidende Rolle: Durch seine Nähe entsteht zum Kleinkind eine alternative Bindung, bevor der Vater zum männlichen Identifikationsmodell wird. Diese Rolle kann auch ein älterer Bruder übernehmen.

Der Blick, mit dem die Eltern ihr Kind betrachten, die Überzeugung, mit der sie es als Mädchen oder als Jungen erziehen, bestimmen seine sexuelle Identität. Nach der Geburt brauchen die Eltern häufig erst mal ein paar Tage Zeit, bevor sie ihrem Kind ein Geschlecht zuteilen; das ist die Zeit, in der sie es mit geschlechtsneutralen Begriffen bezeichnen: »das Baby«, »mein Kleines«, »Liebling«... Aufgrund des Erziehungsstils ergeben sich danach die Unterschiede. Noch heute ist das Verhalten von Eltern sehr geschlechtsspezifisch. Und das ist auch gut so! Im Gegenzug erwarten die Eltern Verhaltensweisen, die dem Bild entsprechen, das sie vom Geschlecht ihres Kindes haben.

Von Geburt an machen also Brüder und Schwestern unterschiedliche Erfahrungen. Wenn man die Gestik der Eltern untersucht, ergibt sich, daß Babys je nach ihrem Geschlecht unterschiedlich getragen werden, aber es hängt auch davon ab, wer es trägt. So tragen Väter das Baby lieber auf der Schulter. Sie neigen auch häufiger dazu, es in die Luft zu werfen, vor allem wenn es ein Junge ist. Mütter halten ihr Kind spontan an der Brust oder wiegen es waagrecht in ihren Armen. Auch beim Essen werden Unterschiede gemacht: Mütter verlangen gewöhnlich von ihrer Tochter, schnell und ordentlich aufzuessen, während sie Jungen so viel Zeit lassen, wie sie wollen. Wenn ein Baby weint, erklärt man das je nach seinem Geschlecht unterschiedlich: Jungen schreien vor Wut, Mädchen vor Angst!

Man weiß heute, daß in der Entwicklung von Mädchen und Jungen tatsächlich Unterschiede bestehen. Das liegt daran, daß die Gehirnhälften unterschiedlich genutzt werden. Je nach Geschlecht werden Wahrnehmungen und intellektuelle Leistungen verschieden gesteuert. Selbstverständlich resultiert daraus keinerlei Vorherrschaft des einen Geschlechts über das andere. So sprechen Mädchen früher und richtiger als Jungen, die dafür eine bessere räumliche Wahrnehmung haben. Diese Fähigkeiten bestätigen viele meiner Klienten: Die kleinen Mädchen sind immer wortgewandter als die gleichaltrigen Jungen, denen es schwerfällt, auf dem Stuhl sitzen zu bleiben, und die mit Begeisterung mein Büro erforschen. Und schließlich bauen Mädchen und Jungen ihr ganzes Leben lang ihre Identität auf unterschiedliche Weise auf. Ein kleines Mädchen identifiziert sich ziemlich leicht mit ihrer Mutter, wenn diese in der Familie Wertschätzung erfährt. Ein kleiner Junge dagegen entwickelt seine Identität aus der Frustration heraus: Er muß sich von seiner Mutter trennen und die Verlockungen verdrängen, die sie ihm entgegenbringt.

Aufgrund all dieser Aspekte nehmen Brüder und Schwestern, auch wenn sie in derselben Familie leben, die Welt und die affektiven Bindungen nicht auf dieselbe Art und Weise wahr. Demnach ist es nicht verwunderlich, daß manche Geschwister sich verstehen wie Katz und Maus, vor allem wenn Eifersucht und die natürliche Konkurrenz durch die Erziehung der Eltern noch gefördert werden. Wenn ich diese frage, wie sie auf die eine oder andere Dummheit ihrer Kinder reagieren, unterscheiden sich die Antworten meistens – je nachdem ob es sich um einen Jungen oder ein Mädchen handelt. Ein Junge wird eher mit harten Worten zurechtgewiesen, während ein Mädchen mehr geschont wird und die Eltern hier versuchen, es mit vielen Erklärungen sanft zur Vernunft zu bringen.

Verschiedene linguistische Untersuchungen unterstützen meine Beobachtung: Sie zeigen, daß die Wörter, die im Gespräch mit Mädchen verwendet werden, eine deutlichere Beziehung zur emotionalen Ebene aufweisen als diejenigen, die man Jungen gegenüber gebraucht. Zu einem kleinen Mädchen sagt man eher »Du bist aber ungezogen«, zu einem kleinen Jungen dagegen »Du bist aber häßlich«. Letzteres kann man auch als ästhetische Wertung verstehen. Zudem sprechen Väter direkter mit ihren Söhnen und verwenden häufig den Imperativ, um zu erreichen, was sie wollen. Dieses Verhalten läßt sich auch beobachten, wenn Brüder und Schwestern zusammen sind. Manchmal ist es so ausgeprägt, daß ich große Schwestern gegenüber ihren kleinen Brüdern als ziemlich autoritär empfinde. Aber vielleicht liegt das auch eher an der Autorität des Alters als an ihrem Geschlecht...

Perfekte Ergänzung

Wenn die Probleme der ödipalen Phase einmal gemeistert sind, verleben die meisten Schwestern und Brüder eine relativ ruhige Kindheit. Sie spielen gemeinsam und messen sich in körperlichen Aktivitäten wie Geschwister desselben Geschlechts. Wenn der Altersunterschied nicht allzu groß ist, haben sie ein vertrautes Verhältnis zueinander. Wenn sie nicht mehr als 18 Monate auseinander liegen, verhalten sie sich häufig ähnlich wie ein Zwillingspaar. Aber im allgemeinen dominieren bei Paaren die Mädchen, egal ob sie älter oder jünger sind als der Bruder. Sie verdanken diese Vorherrschaft ihrer größeren sprachlichen Gewandtheit, die ihnen eine bessere Kommunikation ermöglicht, ihrer früheren intellektuellen Entfaltung und der Tatsache, daß sie schneller selbständig werden.

Bruder und Schwester spielen viel gemeinsam, und das um so lieber, als jeder auf seine Art spielt. In der Puppenküche stehen die Mädchen am Herd, die Jungen kosten.

Bei den Spielzeugautos lenken die Jungen und inszenieren gigantische Kollisionen, während die Mädchen die Garage verwalten. Trotzdem ist es unerläßlich, daß beide auch ihr eigenes Spielzeug haben, das ihrem Geschlecht entspricht. Vor allem im Alter von drei bis vier Jahren spielt das eine wichtige Rolle, denn in dieser Zeit, in der man nach seiner sexuellen Identität sucht, geben stereotype Gesten und Gegenstände einem Halt.

Renaud ist ein alter Bekannter: Er kam schon vor ein paar Jahren mit Eßstörungen in meine Praxis. Seit der Geburt seiner kleinen Schwester besteht eine Konkurrenz zu ihr. Eines Tages trat Renaud in eine Regressionsphase ein: Er wollte keine feste Nahrung mehr zu sich nehmen und beschloß, sich ausschließlich mit Brei und Milch aus der Flasche zu ernähren. Diese Diät gab Anlaß zu der Befürchtung, er könne magersüchtig sein, da er innerhalb von ein paar Wochen bereits drei Kilo verloren hatte.

Renaud wurde von seiner Großmutter »gerettet«, denn sie hatte die geniale Idee, ihm sein Essen in Alufolie zu kochen. Er nannte diese kleinen Alupäckchen »Silbergeschenke«. Bei dieser Gelegenheit möchte ich übrigens die hervorragenden pädagogischen Qualitäten von Großeltern hervorheben, die manchmal einen bemerkenswerten Erfindungsreichtum an den Tag legen und immer geduldiger sind als Eltern.

Heute ist Renaud zehn Jahre alt, er ist ein guter Schüler, in seiner Klasse gut integriert und von einem kleinen Kreis guter Freunde umgeben. Trotzdem dauert die Rivalität mit seiner Schwester noch an. Sie ist vielleicht weniger ausgeprägt, aber noch immer spürbar. Renaud neigt zu einer gewissen Hinterhältigkeit, denn er führt eigens ein Heft, in dem er die Streiche und die schulischen Patzer seiner kleinen Schwester festhält. Regelmäßig zeigt er diesen Bericht seiner Mutter und zieht daraus immer dieselbe Schlußfolgerung: Sie solle sich lieber ein bißchen weniger um seine Schwester kümmern, die ja nicht eben begabt sei, während er alle Voraussetzungen für herausragende Erfolge mitbringe. Er fragt sich sogar, ob er nicht lieber schlechte Noten heimbringen soll, damit sie sich für ihn interessiert. Renauds Mutter weiß nicht mehr, was sie tun soll, denn sie will natürlich, daß ihr Sohn ein guter Schüler bleibt. Sein Vater hat beschlossen, sich herauszuhalten, denn jedesmal, wenn er auf autoritäre Weise eingriff, verstärkte sich nach seiner Beobachtung Renauds Eifersucht.

Bestimmt braucht dieser Junge die Hilfe eines Spezialisten, um über seine Probleme zu sprechen; vor allem aber sollte er dazu ermutigt werden, sich einen großen Freundeskreis zuzulegen, damit seine kleine Schwester ein bißchen in den Hintergrund tritt. Ich bin überzeugt davon, daß seine Eifersucht nachlassen wird, sobald er in die Pubertät kommt und er sich für junge Mädchen zu interessieren beginnt.

Der Kindergarten als Trennungsfaktor

Der Eintritt in den Kindergarten ist ein Moment, in dem Bruder und Schwester getrennt werden. Aufgrund des Altersunterschieds kommt ein Kind natürlich früher in den Kindergarten als das andere. Sie sind mindestens durch einen Jahrgang getrennt, und selbst wenn sie in denselben Kindergarten gehen, hat das erste Kind schon genügend Zeit gehabt, sich einen Kreis von Freunden aufzubauen.

Im Kindergarten ergibt sich die Gelegenheit, Gleichaltrige kennenzulernen, die für die Entwicklung der Persönlichkeit eine sehr wichtige Rolle spielen. Sie vermitteln andere Einstellungen und Maßstäbe als die Schwester oder der Bruder. So entdecken diese neue Alltagsgewohnheiten, andere Verhaltensformen. Derjenige, der im Geschwisterpaar unterlegen war, stellt fest, daß er mit den anderen auf derselben Stufe steht; derjenige, der dominierte, akzeptiert es, diese Machtstellung aufzugeben, weil sich soziale Bindungen nur auf einer ausgeglichenen Basis entwickeln können.

Etwa im Alter von fünf Jahren sorgt ein anderes Ereignis für eine noch größere Distanz zwischen Bruder und Schwester: der Beginn der kindlichen Liebschaften. Wie bei den Erwachsenen beruht die Anziehung auf dem Zauber einer Begegnung ... Ein Geruch, der Teint, ein Lächeln, Grimassen und gemeinsames Spiel spielen eine Rolle. Die meisten »Pärchen« sind heterosexuell, aber kindliche Liebschaften können durchaus auch homosexueller Natur sein. Freilich sagt das überhaupt nichts über eine etwaige spätere Homosexualität aus, denn ein Kind in diesem Alter sucht sich noch selbst, und ein Freund oder eine Freundin wird in erster Linie aufgrund von Ähnlichkeiten ausgewählt. Kindliche Liebschaften sind ein Zeichen dafür, daß das Kind, das in ein Kind des anderen Geschlechts verliebt ist, den Ödipuskomplex durchgestanden hat, daß es für beide Eltern einen festen Platz und eine eigene Rolle gefunden hat.

Diese Liebschaften sind häufig ein Anlaß für Lästereien der älteren Geschwister. Vom hohen Sockel ihrer drei oder vier Jahre Vorsprung erklären sie alles das für kindisch und vergessen dabei, daß auch sie selbst vor kurzem noch solches Herzklopfen hatten! Sie können die Kleinen um so weniger verstehen, als sie selbst inzwischen in der »Latenzphase« stecken. Diese Phase der psychologischen Entwicklung ist gekennzeichnet durch ein gewisses Desinteresse an Fragen der Sexualität; typischerweise finden in dieser Zeit Kinder des gleichen Geschlechts zusammen.

Der Traum, ein Einzelkind zu sein

Am ausgeprägtesten ist der Abstand zwischen Bruder und Schwester wohl zwischen 7 und 14 Jahren, wenn jeder sich in seiner eigenen Welt entwickelt. Die Persönlichkeiten stehen dann in Opposition zueinander. Der Junge führt ein Leben voller körperlicher Aktivität, mit Kraftproben und dem Ehrgeiz, gute sportliche Leistungen zu erbringen. Das Mädchen dagegen kann Stunden damit verbringen, mit ihren Freundinnen zu plaudern und Geheimnisse auszutauschen. Beide sind nicht gut aufeinander zu sprechen. Zu Hause zieht sich jeder allein in sein Zimmer zurück und verhält sich wie ein Einzelkind. Älteren Brüdern ist die kleine Schwester völlig gleichgültig. Sie greifen nur ein, wenn sie sich tatsächlich in Gefahr befindet, zum Beispiel wenn sie von anderen Kindern angegriffen wird. Die ältere Schwester dagegen wird ihrem »Babybruder« gegenüber immer autoritärer. Es kommt natürlich überhaupt nicht in Frage, daß sie auch nur für ein paar Minuten auf ihn aufpaßt.

Bruder und Schwester kommen um so besser miteinander aus, je verschiedener ihre Aktivitäten sind, und wenn jeder sein eigenes Zimmer hat. Beide haben ihre eigenen Freunde, ihre eigenen Liebschaften, und von Zeit zu Zeit treffen sich alle bei einem fröhlichen Fest. Wenn sie allein zu Hause sind, spielen sie wenig miteinander. Am liebsten verbringen sie ihre Freizeit mit einem oder zwei Freunden. Die Eifersucht in bezug auf die Elternliebe ist etwas weniger ausgeprägt, wenn alle Geschwister im selben Entwicklungsstadium sind, vorausgesetzt natürlich, keins von ihnen wird offensichtlich bevorzugt.

Das Alter, das man als »Latenzphase« bezeichnet, ist für die Geschwisterbeziehungen das unproblematischste. Dieser Zeitraum ist für Geschwister so etwas wie eine Mini-Scheidung. Es ist die Zeit der Freundschaften, die für das Leben prägend sind und vielleicht einmal wichtiger werden als die Geschwister – schließlich wählt man seine Freunde selbst aus.

Konfliktpunkte ergeben sich im häuslichen Alltag und beruhen auf zwei Umständen: der gemeinsamen Nutzung des Wohnraums (Bad, Fernsehecke) und der Verteilung der Aufgaben im Haushalt (Tisch decken, mit dem Hund Gassi gehen, den Mülleimer leeren, staubsaugen...). Hier müssen die Eltern auf eine gerechte Aufteilung zwischen den Geschlechtern achten, denn die Bereitwilligkeit von Mädchen gegenüber der Gleichgültigkeit von Jungen wird oft zur Quelle von Ungerechtigkeiten.

Gelegentlich beobachte ich bei meinen Klienten Rivalitäten, die sich um die Hilfe im Haushalt drehen. Die Situation ist fast immer dieselbe. Es geht um einen »unordentlichen« Jungen, der labil und unaufmerksam ist und auf dessen »Terrain« ein heilloses Durcheinander herrscht. Angesichts dieser Katastrophe fordern Eltern häufig das Mädchen auf, ihm beim Aufräumen zu helfen, was sie wütend macht, denn sie weigert sich, für ihren Bruder die Putzfrau zu spielen. Sie empfindet diese Anweisung als Angriff auf die Gleichberechtigung der Geschlechter, obwohl es sich ganz einfach um eine Aufforderung der Mutter handelt, die ihre Tochter eben für vernünftiger und ordentlicher hält.

Obwohl der Feminismus und die Tatsache, daß Frauen heute arbeiten, die Einstellungen stark verändert haben, bleibt die Rollenverteilung in den Familien häufig klar geschlechterorientiert. Die Mädchen waschen ab und backen Kuchen, die Jungen waschen das Auto und programmieren die Elektrogeräte.

Bruder und Schwester als Verbündete

Heute liegt die Gleichberechtigung von Schwestern und Brüdern in der Erziehung begründet. Diskriminierungen nach Geschlechtern existieren nur in Gesellschaften, die die männliche Vorherrschaft auf der Basis von falschen religiösen Grundsätzen predigen.

In ihrer Ausbildung zeigen Brüder und Schwestern denselben Ehrgeiz, nur beim beruflichen Erfolg ergeben sich Unterschiede. Obwohl Mädchen schulisch oft besser abschneiden als Jungen, ist ihr beruflicher Werdegang stärker dem Zufall überlassen. Sie wählen überlaufene Fachrichtungen und entscheiden sich häufig für Berufe, in denen man mit anderen Menschen zu tun hat. Jungen sind pragmatischer, ihre Berufswahl beruht auf der Dauer der Ausbildung, der zu erwartenden Bezahlung und den Karriereaussichten.

Auch wenn Brüder und Schwestern sich beruflich unterschiedlich orientieren, so bleibt doch eine Errungenschaft bestehen: Als Studenten sind sie gleichberechtigt, und beide planen später zu arbeiten. Kein Junge betrachtet hoffentlich seine Schwester noch in erster Linie als künftige Ehefrau und Mutter. Er stellt sich vor, daß sie diesen Aspekt ihres Lebens mit ihrem Beruf vereinbart. Übrigens geht er selbstverständlich davon aus, daß die Frau, die er einmal heiraten wird, es genauso macht.

Schwestern und Brüder respektieren sich von der Pubertät an in ihrer Verschiedenheit. Ihre Beziehungen können sogar enger werden als die von Geschwistern des gleichen Geschlechts. Die Schwester ist die ideale Vertrauensperson, der Bruder ein verläßlicher Beschützer – und häufig hat sie es ihm zu verdanken, wenn sie die ersten Male bis Mitternacht ausgehen darf.

Mädchen werden strenger überwacht und kontrolliert, und so gehen sie häufig früher von zu Hause weg. In ihrem Freiheitsdrang wollen sie auch ihr Liebesleben voll entfalten. Dank ihrer Selbständigkeit haben sie keine Angst vor dem Alleinsein. Häufig sind sie es, die den Bruder dazu bringen, aus dem heimischen Nest auszubrechen.

Risikofaktor Nähe

Eine zu große physische und emotionale Nähe zwischen Bruder und Schwester ist in der Pubertät nicht wünschenswert. Inzestuöse Beziehungen sind häufiger als man meint. Sie können durch eine einengende affektive Bindung entstehen, die die Suche nach einem Partner hemmt, mit dem der oder die Jugendliche ein erfülltes Sexualleben führen könnte. Dieses Übermaß an Liebe führt manchmal zu körperlichem Kontakt, meistens zu Liebkosungen, die etwas zu intensiv sind und zur Masturbation führen können – oder, in viel selteneren, wohl pathologischen Fällen auch zum Geschlechtsverkehr. Es ist sehr wahrscheinlich, daß Selbstbefriedigung und sexuelle Entdeckungen häufig zuerst im Kontakt mit Geschwistern stattfinden. Dabei handelt es sich um Familiengeheimnisse, in die Psychiater sich nicht einzumischen haben, solange sie keine seelischen Störungen bei den Geschwistern auslösen.

Inzest zwischen Bruder und Schwester ist ein großes Tabu in unserer Gesellschaft, genauso wie der zwischen einem Elternteil und Kind; allerdings sind die Voraussetzungen nicht dieselben. Im Grunde liegt eine gewisse Logik darin, sich in seine Schwester oder in seinen Bruder zu verlieben, denn sie oder er ist dem Elternteil recht ähnlich, als dessen Ergänzung man sich seine ganze Kindheit hindurch empfunden hat. Im Normalfall entscheidet sich ein Jugendlicher, um seinen inzestuösen Phantasien zu entkommen, für eine gewisse Distanz zu seinen Eltern und den anderen Familienmitgliedern. Gleichzeitig öffnet er sich für soziale Kontakte. Seinen Bruder zu lieben, eine Leidenschaft für seine Schwester zu hegen, bedeutet auch, sich selbst zu lieben, seine andere Hälfte zu bewundern – letztlich also nicht in der Lage zu sein, sich vom anderen abzugrenzen. Fehlende Abgrenzung ist eine psychische Störung, und der Inzest ist häufig nur eine der sichtbaren Folgen.

Als Kinder- und Jugendpsychiater begegne ich manchmal Jugendlichen, die inzestuöse Beziehungen erlebt haben. Meistens sind sie ihrem älteren Geschwister zum Opfer gefallen – einem Bruder oder einer Schwester –, und es wirkt fast so, als seien diese Akte Ausdruck einer extremen Autorität, die manchmal von einer gewissen Perversität geprägt ist.

Ich erinnere mich an ein magersüchtiges junges Mädchen, das im Laufe seiner Behandlung von der Aggression seines Bruders sprach, deren Opfer sie wurde. Das Mädchen hatte seine erotischen Berührungen hingenommen: Er streichelte häufig die Brüste seiner Schwester. Sie fühlte sich hochgradig schuldig, daß sie ihn gewähren ließ, und meinte gar, sie hätte ihn selbst dazu provoziert. Diese völlig verdrängten Gefühle hatten zur Folge, daß sie gänzlich auf ihre Sexualität verzichtete.

Ich habe auch über längere Zeit hinweg einen selbstmordgefährdeten Jugendlichen begleitet. Durch Zufall kam eines Tages seine ältere Schwester in meine Praxis. Sie gestand mir, daß sie als Kind den Körper ihres Bruders gebraucht hatte, um sich selbst zu befriedigen. Ich war erschüttert, denn ich hatte zur Erklärung des Verhaltens ihres Bruders nie eine solche Vermutung angestellt.

Bei den Opfern von inzestuösen Beziehungen bleiben oft seelische Schäden zurück, die sich bis hin zur Suizidalität auswachsen können. Jugendliche reihen Selbstmordversuche aneinander, setzen ihr Leben aufs Spiel, indem sie größere Risiken eingehen, oder leiden an schweren Störungen ihrer Körperwahrnehmung, die sich in Eßstörungen äußern oder in der Unfähigkeit, ein normales Sexualleben zu führen.

Man muß Eltern vor bestimmten Verhaltensweisen ihrer jugendlichen Kinder warnen, damit diese sich nicht zu Mißhandlungen auswachsen. Deren Folgen sind immer schwer zu behandeln. Der Inzest ist für mißbrauchte Mädchen oder Jungen meist die erste sexuelle Erfahrung; und selbst wenn sie mehr oder weniger freiwillig hingenommen wird, selbst wenn eine gewisse körperliche Lust mit hineinspielt, so hat sie niemals die positive Auswirkung einer normalen Beziehung. Das »erste Mal« muß eine Gelegenheit sein, das eigene Selbstvertrauen zu stärken, denn es beweist die Fähigkeit, jemand anderen zu verführen, und zeigt, daß man lieben und geliebt werden kann – trotz all der Fehler, mit denen man sich beladen fühlt. Diese Prozesse psychischer Reifung können beim Inzest nicht ablaufen, denn der andere ist ein enger Vertrauter, der einen zu gut kennt, dem man also nichts zu beweisen hat.

Eltern sehen häufig weg

Oft interpretieren die Eltern Beziehungen mit zu großer körperlicher Nähe, Liebkosungen, Küssen, spielerischen Kabbeleien als einfachen Ausdruck einer großen Zuneigung, die ihre Kinder zueinander empfinden. Solange diese noch jung sind, sehen sie darin nur unschuldige Spielchen. Allerdings darf man Erotik und Zuneigung nicht verwechseln. So sollte man zum Beispiel einen eher gehemmten Jugendlichen, der weiter auf einer körperlichen Ebene mit seiner kleinen Schwester herumalbert, genau beobachten. Genauso ist eine große Schwester, die nackt oder leicht bekleidet vor ihren jüngeren Geschwistern herumläuft, nicht einfach stolz auf ihren Körper oder zufrieden mit ihrem Äußeren. Solche Spiele fallen aus der Norm, denn ab einem bestimmten Alter vermeiden Jugendliche einen wiederholten körperlichen Kontakt mit ihrem Bruder oder ihrer Schwester. Bei einer normalen Entwicklung der Sexualität entdeckt der Jugendliche seinen eigenen Körper sowie die Lust, die er ihm verschaffen kann. Er lernt sich in der Selbstbefriedigung kennen, die er für sich alleine ausübt. Die Nacktheit seiner Angehörigen ist ihm sehr häufig unangenehm, denn er erliegt zugleich inzestuösen Phantasien, die er unbedingt zurückzudrängen sucht.

Eine körperliche Nähe zwischen Bruder und Schwester ist vor allem in der Pubertät gefährlich, weil der Sexualtrieb in diesem Alter aufgrund starker Hormonstöße in heftigen Wellen auftritt. Der Jugendliche gerät bei der Betrachtung eines anderen Körpers in Erregung, und diese Erregung hat einen sexuellen Charakter; glücklicherweise wird sie durch die Suche nach einem Liebesgefühl kanalisiert und gebremst.

Untersuchungen zeigen, daß bestimmte Bedingungen den Inzest zwischen Bruder und Schwester fördern. So tritt er häufiger auf, wenn die Eltern ihren Kindern auf der Gefühlsebene gleichgültig begegnen. Aus einem Mangel an Zuneigung nähern die Kinder sich einander an, und das ganz besonders in der Pubertät, wenn sie sich mit existentiellen Fragen beschäftigen. Labile Eltern, die nicht in der Lage sind, Maßstäbe und somit auch Grenzen zu setzen, fördern damit oft die Entstehung von inzestuösen Praktiken ihrer Kinder. Fehlende elterliche Liebe und die Unfähigkeit, ihrer Rolle als Erzieher gerecht zu werden, können diese Situation nur verschlimmern.

Darüber hinaus ist erwiesen, daß es häufiger zum Inzest kommt, wenn die Geschwister lange Zeit getrennt waren, wenn sie in der Kindheit keine große Nähe gekannt haben. Diesen Umkehrschluß zieht der Psychiater Bruno Bettelheim aus der Beobachtung von Kindern, die im Kibbuz aufgewachsen sind. Nach einer Erziehung ohne Tabus, in ständigem Gemeinschaftsleben, achten diese Kinder ab der Pubertät darauf, ihren Abstand zu wahren. Nach Bettelheim erweckt hautenges Zusammenleben zunächst sexuelle Gefühle, die sich mit zunehmender Reife umkehren und in einem Gefühl von Schuld und Scham münden. Bei allzu engem Zusammenleben in der Kindheit entsteht also ein Bedürfnis, sich zu entfernen und seine sexuellen Erfahrungen außerhalb der Familie zu sammeln.

Allerdings spielt bei der Partnerwahl häufig eine gewisse physische oder geistige Ähnlichkeit mit dem Bruder oder der Schwester eine Rolle. So erklärt sich etwa die häufige Verbindung einer Schwester mit dem besten Freund des Bruders oder umgekehrt. Diese Verbindungen sind nicht zufällig. Beste Freunde oder unzertrennliche Freundinnen haben immer dieselben Ideale und dieselben Interessen wie der Bruder oder die Schwester; ihre Freundschaft beruht auf Loyalität, Vertrauen und Aufrichtigkeit. Solche Eigenschaften können den Geschwistern nicht entgehen, und an diesen Qualitäten möchte jeder Bruder oder jede Schwester gerne die Menschen teilhaben lassen, die ihr oder ihm nahestehen.

Und ist es nicht auch ideal, seinen besten Freund zu seinem Schwager, seine älteste Freundin zu einer vertrauten Schwägerin zu machen? Familienfeste werden so nur schöner. Meines Erachtens ist eine Liebesbeziehung mit jemandem, der einen an Bruder oder Schwester erinnert, nicht stärker inzestuös geprägt als eine Heirat mit Cousin oder Cousine, was gesellschaftlich durchaus akzeptiert ist.

Bei jeder Wahl eines Sexualpartners kommen wohl gewisse inzestuöse Phantasien zum Tragen. Es ist nicht verboten, seinen Bruder oder seine Schwester zu lieben, genauso wie jeder von uns sein Leben lang an seinen beiden Eltern hängt. Eigentlich bedeutet das eher, daß man seine Phantasien gut überwunden hat. Wenn jemand dagegen einen Partner wählt, der völlig aus dem familiären Bezugsrahmen fällt, läßt sich viel eher die Vermutung aufstellen, daß eine unbewußte Angst vor dem Inzest im Spiel ist. In diesem Fall sucht man den Abstand als sicherstes Mittel, um seine Befürchtungen zu zerstreuen.

Übergroße Liebe

In der Beziehung zwischen Bruder und Schwester gibt es immer einen Anteil an inzestuöser Phantasie. Sie hilft den Jugendlichen, das erneute Aufkommen des Ödipuskomplexes zu bewältigen: Wenn man seine Schwester liebt, verliebt man sich bestimmt nicht in seine Mutter, und mit einer Leidenschaft für den Bruder vertreibt man die Gefühle, die man für den Vater hegt. Doch wenn diese Liebesgefühle allzu präsent sind, können sie auf das Unterbewußtsein wirken. So gibt es Geschwisterpaare, die es nicht schaffen, sich voneinander zu lösen, und die somit »unzertrennlich« werden.

Ob er ausgeführt wird oder symbolisch bleibt, der Inzest zwischen Bruder und Schwester ist immer erklärbar. Er verdeutlicht die Unfähigkeit, sich abzugrenzen, und ist Ausdruck dafür, daß die Trennung und Individuation während der frühen Kindheit schwer gestört war. In ausgesprochenen Problemfamilien ist das klar erkennbar: wenn der Vater beispielsweise gewalttätig ist oder die Mutter aufgrund ihres Lebenswandels mehr als Frau denn als Mutter erlebt wird – kurz, wenn ein Elternteil sich nicht als Identifikationsfigur eignet. Erwachsene Brüder und Schwestern, die ihre eigene Identität nicht stabil genug aufbauen konnten, versuchen nun nachzuholen, was ihnen in der Kindheit gefehlt hat.

Die allzu starke Idealisierung eines Bruders oder einer Schwester kann Einfluß auf das Liebesleben haben und sogar die Sexualität des Erwachsenen stören. Der Erwachsene ist stets auf der Suche nach dem idealen Wesen, nach dem Bruder oder der Schwester, die er so geliebt hat. Solche Menschen sind nicht in der Lage, eine dauerhafte Partnerschaft einzugehen, und leben im Schatten ihres Geschwisters, ihres lebenslangen Helden.

Obwohl Eltern die Beziehung zwischen ihrem Sohn und ihrer Tochter nicht immer klar durchblicken, denke ich, daß das Inzesttabu zwischen Bruder und Schwester generell respektiert wird und daß Eltern immer erleichtert sind, wenn ihre Kinder ihre Sexualität außerhalb der Familie ausleben. Allerdings muß man diese Aussage etwas einschränken: In den Augen der Eltern ist der Inzest zwischen Bruder und Schwester in der Regel etwas ganz anderes als eine sexuelle Aggression von außerhalb der Familie. Ein Außenstehender wird als sehr viel bedrohlicher empfunden.

Eine Vielzahl sexueller Mißhandlungen innerhalb der Familie kommen nie zur Anzeige. Häufig schützen die Mütter ihren Ehemann oder ihren Partner, aber auch ihre Kinder, die erstgeborenen Söhne und Töchter, und sogar Onkel und Großväter. Alle Mädchen in der Familie übernehmen die Haltung der Mutter, die auf der einfachen Vorstellung beruht, das weibliche Geschlecht sei »schwach« und es liege in der Natur des Mannes, die Frau sexuell zu erobern – welche wiederum diese Eroberung zu akzeptieren habe. Der Sohn wird häufig auch vom Vater in Schutz genommen, und ihn innerhalb der Familie oder gar vor den Justizbehörden bloßzustellen, käme einer Auflösung der familiären Autorität gleich, so daß die Familie darüber auseinanderfiele. Daher entscheiden sich die belästigten Mädchen dafür zu schweigen.

Für die Eltern bleibt der Körper des Kindes häufig ihr Eigentum; da sie ihn geschaffen haben, meinen sie, daß er ihnen zu gehorchen habe. Das trifft besonders für Töchter zu. Noch heute vertreten viele Eltern, und insbesondere die Väter, die Meinung, ihre Tochter habe den Mann zu heiraten, den sie für sie aussuchen. Damit drücken sie indirekt aus, daß der Körper der Tochter nicht ihr selbst gehört, denn sie entscheiden an ihrer Stelle, wem sie ihn übergeben. Unter diesem Aspekt ist das Inzesttabu zwischen Bruder und Schwester um so stärker, da dieser eine deutliche Grenzüberschreitung bedeuten würde: Eine sexuelle Beziehung zu seiner Schwester zu haben, ist undenkbar, denn ihr Körper gehört dem Vater, der ihn dem von ihm auserwählten Mann übergeben wird. Daß Frauen heute ihre Sexualität selbst gestalten und ihre Partner selbst wählen können, sollte allerdings einen besseren Minderjährigenschutz ermöglichen.

Auch wenn inzestuöse Beziehungen in gegenseitigem Einverständnis oder auf gemeinsamen Wunsch entstehen, glaube ich, daß sie niemals glücklich sind: Sie können weder zu einem gesellschaftlich anerkannten gemeinsamen Leben führen, noch erlauben sie die Gründung einer Familie. Nach einiger Zeit trennt sich das Paar, und bei Bruder und Schwester bleibt das Gefühl eines doppelten Scheiterns: das Scheitern der Liebesbeziehung und das des Geschwisterverhältnisses.

Über inzestuöse Geschwisterbeziehungen ist viel geschrieben worden; zahllose Legenden kreisen um diese Thematik, wohl um uns vor ihren Gefahren zu warnen. Man denke an den Mythos von Zeus, der mit seiner Schwester Hera eine Familie gründet; oder an den von Kanake und Makareus, die Kinder von Aiolos, die von ihrem Vater bestraft wurden, weil sie gemeinsam ein Kind gezeugt hatten; oder auch an die Geschichte der ägyptischen Gottheiten Isis und Osiris. In der Literatur führt kein Weg vorbei an Chateaubriand und seinem autobiographischen Roman *René* oder an Jean Cocteaus *Kinder der Nacht*.

In verschiedenen Kulturen wird der Inzest sehr unterschiedlich bewertet. Verbindungen zwischen Brüdern und Schwestern waren in Persien und in Ägypten geläufig, und zwar in den Königsfamilien wie beim Volk. Übrigens war man lange der Meinung, das Verbot inzestuöser Praktiken sei der entscheidende Unterschied zwischen Mensch und Tier, aber viele Ethnologen haben nachgewiesen, daß diese Behauptung nicht haltbar ist. Und bei rechter Betrachtung müssen schließlich auch die Kinder von Adam und Eva sich vereinigt haben, damit sie uns alle zeugen konnten ...

In den Theorien zur menschlichen Psyche ist vom Inzest zwischen Bruder und Schwester kaum die Rede. Freud beispielsweise äußert sich dazu praktisch gar nicht; die Psychoanalytikerin Melanie Klein sieht darin nur erotische Kinderspiele. Ich meine, die Tatsache des geschwisterlichen Inzests muß einmal wirklich untersucht werden. So sollten Kinder- und Jugendpsychologen den seelischen Folgen von körperlichen Beziehungen unter Geschwistern mehr Aufmerksamkeit schenken. Genauso ist es höchste Zeit, einmal über die erwachende Sexualität von pubertierenden Halbgeschwistern nachzudenken, die erst spät und/oder vorübergehend in derselben Familie leben. Und was ist über »falsche Geschwister« zu sagen, die unter demselben Dach leben, ohne daß eine Blutsverwandtschaft zwischen ihnen besteht?

Nach der Kindheit, nach der Pubertät kommt irgendwann der Moment der Unabhängigkeit. Nach so vielen Konflikten und Rivalitäten, nach so vielen gemeinsamen guten Zeiten müssen Geschwister die Liebe anderswo suchen. Nur wer sich unabhängig macht, ist in der Lage, jemand anderen zu lieben als die eigenen Familienmitglieder. Wer unabhängig ist, will eine neue Geschichte beginnen, die Geschichte eines Kindes, das von seinen beiden Eltern jeweils die Hälfte seiner Chromosomen hat – sowie ihre jeweilige Familiengeschichte. Das Kind schöpft genauso viel aus der Geschichte des Vaters wie aus der seiner Mutter, und aus dieser Synthese heraus entwickelt es seine eigene Persönlichkeit.

4 Lieblingskinder: Ungeteilte Liebe

In jeder Familie gibt es einen Liebling: den der Mutter, des Vaters oder von beiden. Ich weiß, daß ich mit dieser Behauptung viele Eltern schockiere, die sich in jeder Hinsicht als gerecht empfinden, und ganz besonders in bezug auf die Liebe. Und doch stehe ich zu dieser Aussage. Unter den Geschwistern ist immer eines das bevorzugte. Am unerträglichsten ist die Situation, wenn Vater und Mutter denselben Liebling oder denselben Sündenbock haben. Aber glücklicherweise ist dieser Fall äußerst selten, und die meisten Kinder bleiben von diesem Schicksal verschont.

Den Liebling identifizieren die Geschwister ziemlich schnell – schließlich ist die Familie für alle der ideale Ort für Beobachtung und Vergleich. Es vergeht also wenig Zeit, bis die Kinder feststellen, wer mit den Eltern gut und wer weniger gut mit ihnen steht. Damit haben sie manchmal recht, manchmal aber messen sie winzigen, kaum bedeutsamen Details zu viel Bedeutung zu. Naschkatzen meinen, sie bekämen immer das kleinste Stück vom Schokoladenkuchen, und ein eitles Persönchen beneidet die Schwester, die ein viel hübscheres Kleid bekommen hat.

Im allgemeinen versucht jeder der beiden Eltern sich in einem der Kinder wiederzuerkennen. Die Bevorzugung beruht zunächst auf bestimmten äußeren Merkmalen, die er mit dem Kind gemeinsam hat: die Augenfarbe, die Haare, das ausgeprägte Kinn oder die Grübchen... Und er ist um so glücklicher, diese Merkmale zu entdecken, wenn er bei sich selbst stolz darauf ist. Aber manchmal ist der Einfluß der Äußerlichkeiten auch subtiler, zum Beispiel wenn einer der Eltern sich freut, daß das Kind genau das physische Detail besitzt, mit dem der Partner oder die Partnerin ihn bestochen hat: etwa ein Vater, der eine seiner Töchter ein bißchen lieber mag, weil sie die herrlichen Haare der Mutter geerbt hat; oder eine Mutter, die dem Blick ihres Sohnes immer besonders zärtlich begegnet, weil sie sich daran erinnert, wie genau diese Augen sie beim ersten Rendezvous mit dem Mann schwach werden ließen, der dann der Mann ihres Lebens wurde.

Umgekehrt können bestimmte physische Makel einen Sohn oder eine Tochter in emotionaler Hinsicht in Ungnade fallen lassen. Eine große Nase, abstehende Ohren oder ein allzu auffälliges Muttermal verleihen manchen Kindern ein wenig schmeichelhaftes Äußeres und bremsen den Stolz der Eltern, die in ihrem Narzißmus verletzt sind. Häufig ist das der Fall bei Kindern, die mit einer Gaumenspalte (auch Wolfsrachen genannt) geboren werden. Es handelt sich um eine Mißbildung, die sich heute chirurgisch problemlos beheben läßt. Aber ein Neugeborenes wird dadurch eben entstellt, so daß es nötig sein kann, die Eltern psychologisch zu betreuen, um ihnen eine normale affektive Bindung zum Kind zu ermöglichen. Wenn es nicht der Vorstellung entspricht, die die Eltern sich die ganze Schwangerschaft über gemacht haben, können in der Tat zwiespältige Gefühle bis hin zu Enttäuschung oder gar Ablehnung auftreten.

Ein bekanntes Beispiel eines Kindes, das wegen seines Aussehens nicht geliebt wird, stammt aus der Literatur. Schon in meiner Kindheit beeindruckte mich die Geschichte von *Poil de Carotte*. Jules Renard beschreibt in diesem Buch das Unglück des jüngsten von drei Geschwistern, das mit roten Haaren auf die Welt kommt. So wie die Gesellschaft jahrhundertelang Menschen mit »karottenroten« Haaren als Kumpane des Teufels erachtete, hält auch die Familie von Poil de Carotte diese Besonderheit für einen Makel.

Der kleine Junge muß mit der Ablehnung seiner Mutter leben und wird ständig schikaniert und bestraft. Alle unangenehmen Aufgaben werden ihm zugeschoben, und wenn man in einer Situation viel Mut braucht, dann ist es immer er, der seine nur allzu natürliche Angst überwinden soll.

Poil de Carottes Gefühle sind gespalten: Manchmal versucht er, seine Mutter zu verstehen und ihr zu gefallen, meistens aber resigniert er, und die Ungerechtigkeit macht ihn wütend. Verzweifelt fügt er sich körperliche Verstümmelungen zu und begeht sogar einen Selbstmordversuch. Trost findet er nur bei seinem Vater, auf der Jagd oder wenn er im Internat ist. Die fehlende Zuneigung macht ihn zu einem ziemlich ungestümen Kind mit häufig unangemessenen Reaktionen, wie es bei Kindern, die geschlagen werden, oft vorkommt.

Poil de Carotte hält es schließlich nicht mehr aus und bittet seinen Vater, eine Lösung zu finden, damit er von zu Hause weg kann: »Welches Schicksal wäre meinem nicht vorzuziehen? Ich habe eine Mutter. Diese Mutter liebt mich nicht, und ich liebe sie nicht.« »Und ich, meinst du denn, daß ich sie liebe?« antwortet ihm Monsieur Lepic schroff.

Jetzt ist Poil de Carotte alles klar, zumindest fast alles: Daß er so anders aussieht, ist nicht der eigentliche Grund für die fehlende Liebe seiner Mutter. Er, der Letztgeborene in der Familie, ist ein ungewolltes Kind, ein Unfall in Madame Lepics Leben; möglicherweise wurde er aber auch als ein »Eherettungs-Kind« gezeugt, das die gefährdete Partnerschaft kitten sollte.

Zur Kategorie der schrecklichen Geschichten, die wir kleinen Kindern erzählen, gehört natürlich auch die vom *Häßlichen Entlein*. Dieses Entenküken mit dem häßlichen grauen Federkleid stellt in der Brut einen Schandfleck dar. Alle verachten es... bis zu dem Tag, an dem es sich in einen makellosen weißen Schwan verwandelt.

Auch in den Menschenfamilien gibt es solche »häßlichen Entlein«. Nichts von ihrem Äußeren scheint von ihren Eltern zu stammen. Aber ich möchte hier folgendes klarstellen: Jedes Kind besitzt von Natur aus die Gene seiner Eltern. Sie bestimmen über seine Augen- und Haarfarbe, über die Form der Ohren oder der Nase. Aber die Zufälle der Genetik sind unvorhersehbar: Manche Gene kommen nur dann »zum Ausdruck«, wenn sie auf ein gleiches Gegenüber treffen, andere erlauben sich die Extravaganz, Generationen zu überspringen. Ich kenne zum Beispiel ein kleines Mädchen mit blonden Haaren und grünen Augen, deren Eltern beide dunkle Haare und schwarze Augen haben; sie ist sehr wohl ihre Tochter, aber sie hat eben die Augenfarbe ihres Großvaters väterlicherseits und die blonden Haare ihrer Großmutter mütterlicherseits geerbt.

Noch komplizierter ist die Lage eines Kindes, das als das biologische Kind seines Vaters gilt, ihm aber überhaupt nicht ähnlich sieht. Denn während die Abstammung von der Mutter immer sicher ist, so bleibt die Abstammung vom Vater doch immer nur eine Annahme. Ich denke, in so einem Fall hängt es sehr stark von der Stabilität der Partnerschaft ab, wie eng die affektive Beziehung dieses Kindes zu seinen Eltern wird. Viele Möglichkeiten sind hier denkbar. Das Kind kann von seiner Mutter mit Liebesbezeugungen überschüttet werden, weil seine Gegenwart sie an eine flüchtige, aber heftige Leidenschaft erinnert, oder aber sie kann es ablehnen, weil es sie an eine Enttäuschung erinnert. Auf Seiten des Vaters ist die Lage ebenfalls nicht eindeutig: Das Kind wird entweder abgewiesen, wenn der Vater es nicht als das seine anerkennt, oder aber geliebt wie nach einer Adoption.

Die manchmal verzwickten Liebesgeschichten der Erwachsenen können für die Kinder auch gut ausgehen. Es gibt Patchwork-Familien, in denen der Vater mehr an seinem adoptierten Kind hängt als an dem, mit dem er blutsverwandt ist. Letzten Endes beruhen affektive Bindungen auf dem Wechselspiel der Verführung, in dem jeder der Beteiligten seine Rolle hat.

Echte oder eingebildete Ähnlichkeiten

Natürlich sind äußerliche Ähnlichkeiten, egal ob sie tatsächlich oder nur eingebildet sind, nicht die einzige Ursache für die Bevorzugung bestimmter Kinder. Sie kann auch aufgrund von Charakterzügen und gemeinsamen Interessen entstehen. Ein Vater kann sich seiner Tochter sehr nahe fühlen, weil sie beide gerne segeln oder Ski fahren, eine Mutter kann sich im gleichen Maße wie ihr Sohn für Hitchcock-Filme oder die Musik von Brahms begeistern. Aber eine solche geistige Nähe ist immer das Ergebnis vorhergehender, psychologisch bedeutsamer Ereignisse. Sie entsteht in den banalsten Situationen des Alltagslebens, bei ganz gewöhnlichen Erlebnissen, die einer der Eltern mit einem der Kinder teilt. Nehmen wir zum Beispiel eine Familie, die im Sommer im Auto auf einer Alpenstraße unterwegs ist. Es ist eine schöne Nacht, und plötzlich leuchtet auf einer Seite am Himmel eine Sternschnuppe auf. Die Mutter und die Tochter sehen sie, aber Vater und Sohn blicken gebannt auf das Scheinwerferlicht, das über den Straßenrand streicht, und bemerken die Sternschnuppe nicht. Im nächsten Jahr fährt diese Familie in den Ferien nach Griechenland. Bei einer Ausflugsfahrt auf dem Meer sehen Mutter und Tochter plötzlich einen Delphin in den Wellen springen. Vater und Sohn sind auf der anderen Seite des Schiffes und verpassen dieses Schauspiel. Diese gemeinsame Erinnerung bindet die Tochter noch ein bißchen enger an ihre Mutter; beide wissen jetzt, daß sie in der Lage sind, dieselben Dinge wahrzunehmen, und daß sie dabei ähnliches empfinden. Aufgrund all dieser rein zufälligen Ereignisse baut jedes Kind eine unterschiedliche Identität auf, und es entsteht eine größere oder geringere Nähe zu einem seiner Eltern.

Sicherlich spielt der Zufall eine große Rolle für die Entstehung einer geistigen Nähe, aber er reicht nicht immer aus, um sie zu erklären. Wenn man die Beziehungen zwischen Eltern und Kindern untersucht, erkennt man, daß ein großer Teil der Nähe aufgrund eines Wunschdenkens entsteht. Am bekanntesten ist in diesem Zusammenhang das reflexartige Lächeln des Säuglings, das die Eltern als kommunikatives Lächeln interpretieren. So halten sie während der ganzen Entwicklung eines Kindes immer wieder ihr Wunschdenken für die Realität. Genauso ist es manchmal bei der Herausbildung von Übereinstimmungen auf der geistigen Ebene.

Äußerliche Ähnlichkeiten, die wirklich bestehen oder so stark gewünscht werden, daß sie sich schließlich auch einstellen, sind also eine Grundlage für Phantasien, die jeder der Eltern entwickelt. Der psychologische Mechanismus ist immer derselbe: »Ich glaube, daß du mir ähnlich bist, also denkst du wie ich. Ich liebe dich so sehr, also kannst du nur dieselben Vorstellungen haben wie ich.« Ein paar Zufälle genügen, um diese Annahmen zu untermauern: Schon aus ein paar unbewußten »Bruchstücken« einer Ähnlichkeit kann eine echte Ähnlichkeit werden. In einer Familie mit mindestens zwei Kindern haben die Eltern also das Gefühl, daß eines ganz nach der Mutter kommt und das andere ganz nach dem Vater, und zwar sowohl was den Charakter als auch was die Empfindungen betrifft. Zwar erweist sich der Spruch »Wie der Vater, so der Sohn« oder »Wie die Mutter, so die Tochter« in den meisten Fällen als richtig, aber es kommt auch vor, daß die Ähnlichkeit genau beim anderen Geschlecht auftritt, daß ein Sohn eine gewisse innere Nähe zur Mutter hat und im Gegenzug eine Tochter typische Charakterzüge ihres Vaters.

Solche Situationen sind für die Eltern manchmal problematisch: Die Persönlichkeit eines Kindes hat dann gleichzeitig etwas vom geliebten Partner eines Elternteils und von ihm selbst, da die geschlechtliche Identifikation ja weiterhin besteht. Wenn es einen Sohn und eine Tochter gibt, ist dies noch nicht allzu kompliziert; wenn die Kinder aber alle das gleiche Geschlecht haben, können die Eltern einem von ihnen die Gefühlswelt des anderen Geschlechts auferlegen, worunter das Kind leidet.

Jean ist ein vierjähriger Junge im zweiten Kindergarten-jahr. Zwischen ihm und seinem jüngeren Bruder besteht eine ungewöhnliche Rivalität. Letzterer ist ausgesprochen tatkräftig, interessiert sich für alles, was ihn umgibt, fühlt sich in seiner Familie und in Gesellschaft rundum wohl. Jean dagegen ist extrem schüchtern, scheint an allem zu zweifeln, empfindet bei winzigen Schwierigkeiten schon große Angst. Noch bevor er beispielsweise ein Bild fertig gemalt hat, findet er schon, daß es nicht schön wird. Seit einiger Zeit beobachten seine Eltern eigenartige Verhaltensweisen: Jean will aus der Babyflasche trinken und verlangt, daß man ihm Windeln anzieht – nicht um sie naß zu machen, sondern einfach, um so zu sein wie sein Bruder. Was den Eltern am meisten Sorge macht, ist ein Sprachfehler, den er bisher nicht hatte: Beim Sprechen macht er eine Schnute wie ein Baby.

Jean weist trotz seiner Intelligenz ausgeprägte Regressionssymptome auf. Er ist ein Musterkind im Kindergarten und in seiner Gruppe gut integriert. Daß er ruhig und folgsam ist, kommt bei seinen Erzieherinnen gut an, denen brave Kinder immer lieber sind. Und doch lassen seine Hemmungen bereits spätere Lernstörungen befürchten.

In einem Gespräch unter vier Augen vertraut Jean mir an, daß er im Kindergarten so brav ist, weil er Angst hat, sein kleiner Bruder könnte ihn überrollen. Es handelt sich hier also um einen Fall von Geschwisterrivalität, die sich konkret auswirkt. Aber es spielen auch noch andere Faktoren mit hinein. In verschiedenen Gesprächen mit den

Eltern, und besonders mit dem Vater, stelle ich fest, daß dieser sich viel eher mit dem energiegeladenen kleinen Bruder identifiziert als mit dem labilen großen. Jean ist davon unbewußt betroffen. Er leidet unter dieser Situation und reagiert darauf, indem er sich in sich selbst zurückzieht. Er neigt sogar dazu, weibliche Verhaltensweisen anzunehmen, und wirkt daher im Kindergarten wie zu Hause sehr sanft. Aber diese harmonische Ruhe kann für seine Entwicklung auch eine Bedrohung darstellen.

Ich verordne diesem Kind, das insgesamt einen guten Eindruck hinterläßt, keine spezielle psychologische Behandlung. Jean braucht nur die Sicherheit, daß seine Eltern und vor allem auch sein Vater ihn lieben. Ich fordere sie also auf, eine regelrechte Strategie für die Beziehung zu ihren Kindern zu entwickeln, so daß Jean einzeln mit seinem Vater und mit seiner Mutter zusammen sein kann und zu anderen Zeiten mit seinem kleinen Bruder. Außerdem rate ich ihnen, daß er sich »zum Durchatmen« manchmal bei den väterlichen und mütterlichen Großeltern aufhalten sollte. Damit Jean diese Trennung aber nicht als Abschiebung empfindet, soll auch sein kleiner Bruder zu den Großeltern, wenn möglich im selben Rhythmus und für eine gleich lange Zeit.

Als ich Jean sechs Monate später wiedersehe, hat er sein Sozialverhalten zufriedenstellend weiterentwickelt und integriert sich mehr und mehr in die Gruppe seiner Altersgenossen. Allmählich hat er seine regressiven Verhaltensformen aufgegeben und lebt die Rivalität zu seinem kleinen Bruder jetzt offen aus. Ihre Auseinandersetzungen sind ein hervorragender Katalysator der Individualisierung.

Wenn die Kinder größer werden, ergeben sich Bevorzugungen der Eltern auch aufgrund der Intelligenz der Kinder, die anhand der schulischen Leistungen gemessen wird; an den Noten läßt sich eben schnell ablesen, wie verschieden Kinder in dieser Hinsicht sind.

Unbestreitbar sind Schulnoten mit der wichtigste Antrieb, einen Kinderpsychiater zu konsultieren. Beinahe 60 Prozent der Fälle sind darauf zurückzuführen. Schwache Schulleistungen sind häufig ein Ausdruck von Eifersucht, die in einer Familie zwischen den Geschwistern steht. In der Mehrzahl bevorzugen Eltern die Kinder, die gute Ergebnisse erzielen, weil das ihrem Ego schmeichelt und ihnen – vielleicht ein bißchen vorschnell – das Gefühl gibt, ihre Art der Erziehung sei von Erfolg gekrönt. Man muß es wohl zugeben: Einem Kind, bei dem zum Schulversagen auch noch ein schwieriges Verhalten kommt – beides ist fast immer miteinander verbunden –, droht in seiner Familie die Zuneigung entzogen zu werden.

Ich bin vielleicht nicht besonders scharfsinnig, wenn ich sage, daß Eltern erfolgreiche, ruhige Kinder lieber mögen. Und ich kann sie verstehen, denn mit ihnen hat man einfach ein leichteres Leben. Aber hervorragende Leistungen in der Schule sind nicht immer ein Zeichen von psychischer Gesundheit. Hinter Artigkeit kann sich manchmal ein Leiden verstecken, das später durch schwere Störungen zum Ausdruck kommt.

Vor ein paar Jahren hatte ich einen Jungen in der Sprechstunde, der in der Schule überaus erfolgreich war. In der siebten Klasse hatte er einen exzellenten Notendurchschnitt. Seine Eltern, beide Lehrer in Elitegymnasien, fanden ihn zu brav und ehrgeizig, schließlich ging er nie nach draußen und hatte keine Freunde. In der Tat war dieser völlig isolierte Junge das Opfer einer extremen Rivalität zu seiner Schwester, die ebenfalls eine brillante Schülerin war. Er hatte sich vorgenommen, sie um jeden Preis zu übertreffen, und opferte jegliche soziale Beziehung, um dieses Ziel zu erreichen.

Die Behandlung war nicht leicht, denn man mußte zuerst durchsetzen, daß seine Schulleistungen nachließen, damit er für seine Altersgenossen zugänglich wurde. Wir versuchten also, ihn mit spielerischen Aktivitäten und Sport abzulenken. Es war nicht einfach, ihn von den Büchern und Heften wegzulocken, aber im folgenden Trimester hatten wir einen kleinen Leistungsnachlaß sowie zwei Einladungen zum Geburtstag erreicht. Trotzdem habe ich meine Mission nicht vollständig erfüllt, da er es bis zum Schluß nicht schaffte, seine Noten entscheidend zu verschlechtern.

Die Last der Vergangenheit

Noch bevor ein Kind geboren wird, spielt es eine Rolle in der Geschichte seiner Familie. Und diese Geschichte hat natürlich einen Einfluß darauf, ob es später bevorzugt wird oder nicht. Alles beginnt häufig in den Monaten, bevor das Kind überhaupt da ist: bei der Auswahl der Vornamen. Ich kann Eltern gar nicht oft genug empfehlen, genau zu hinterfragen, warum sie sich für einen Namen entscheiden, und sich zu überlegen, ob ihr Kind stets stolz darauf sein wird, wenn es einmal erwachsen ist.

Die Wahl des Vornamens für ein Kind ist äußerst bedeutsam. Lange Zeit erhielt der erste Sohn in einer Familie denselben Namen wie sein Vater oder einen zusammenge- setzten Namen, in dem dieser enthalten war: Der Sohn von Pierre hieß Jean-Pierre, der Sohn von Jean hieß Jean- Charles. In den USA ist das noch immer üblich: Der älteste Sohn trägt den Namen seines Vaters, dann wird einfach »junior« hinzugefügt. Heutzutage gibt es nur noch wenige Eltern, die diese Tradition fortführen. Die meisten wählen einfach Vornamen, die ihnen gefallen. Aber in ihrer Wahl- freiheit sind sie dabei – mehr oder weniger bewußt – ein- geschränkt. Sie lassen sich von historischen oder zeit- genössischen Personen beeinflussen, von Roman- oder Serienhelden, und das mit einer deutlichen Vorliebe für die, die ihre Jugend geprägt haben. Alle diese Vornamen haben eine Bedeutung. Natürlich ist es leichter, den Namen eines »Guten« zu tragen als den eines »Bösen«, eines »Ge- winners« eher als den eines »Verlierers«: Victor, um über alles zu triumphieren, Maxime, um groß zu werden, auch wenn man als Erwachsener schließlich ganz klein bleibt. So haben manche Kinder einfach mehr Glück als andere: Ihr Name ruft besonders positive Assoziationen hervor oder hat einen besonderen Wohlklang.

Aber auch Namen, die schön klingen, können manchmal schwer zu ertragen sein. Was soll etwa aus dem kleinen Jun- gen werden, den seine Mutter, eine Malerin, nach ihrem liebsten Meister Vincent genannt hat, der Sohn aber fürs Malen nicht begabt ist? Droht er sie nicht über die Maße zu enttäuschen? Und wie ist es bei kleinen Mädchen, die Laetitia oder Adriana heißen – benannt nach den Star- models Laetitia Casta und Adriana Karembeu? Wie werden ihre Eltern es wegstecken, wenn die Natur sie nicht unbe- dingt mit königlichen Maßen segnet?

In Korsika und Italien bekommen die Kinder den

Namen ihrer verstorbenen Großeltern. In manchen Familien, die einen Trauerfall zu verarbeiten haben, »erbt« das Kind, das als nächstes geboren wird, den Namen dieses Verwandten und damit auch zugleich das Bild, das alle Familienmitglieder von ihm haben. Am schlimmsten ist es, wenn das Kind den Namen eines älteren, verstorbenen Geschwisters erhält, das es ersetzen soll. So etwas verrät, daß die Eltern über den Tod des Kindes nicht hinweggekommen sind; der Aufbau einer Identität ist so beim Nachgeborenen stark gefährdet, denn es wird nie wissen, wer es eigentlich ist. So sind manche Psychoanalytiker der Meinung, daß die seelische Labilität von Vincent van Gogh auf die Tatsache zurückzuführen ist, daß er denselben Namen trug wie ein älterer Bruder, der vor seiner Geburt gestorben war und dessen Grab genau vor dem Haus der Familie lag. Vincent hat den Tod dieses Bruders sicherlich nie verarbeiten können. Er konnte ihn weder aus seinem Gedächtnis streichen noch ihn wie irgendeinen anderen Bruder hassen. Verstorbene werden um so mehr idealisiert, je plötzlicher oder grausamer ihr Tod war. Die Trauerarbeit ist für Geschwister immer kompliziert, und ganz besonders für dasjenige Kind, das den Namen des Verstorbenen trägt. Es gibt keine schwierigere Situation als die, mit einem Geschwister, mit dem man sich nicht streiten kann, um Zuneigung zu konkurrieren.

Die meisten Kinder haben neben ihrem Rufnamen noch weitere Vornamen. Im allgemeinen sind das die Namen der Großeltern. Sie sollen die Identität der Familie weitertragen, manchmal gar die von Dynastien. Ich frage meine kleinen Klienten häufig nach allen ihren Vornamen und erkundige mich, ob sie wissen, welchen Ursprung sie in der Familie haben. Je nachdem, ob ein Kind den Namen von einer Großmutter erbt, die als hervorragende Bäckerin besonders verehrt wurde, den Namen eines zärtlichen Großvaters, der ein anerkannter Staudammbauer war, oder den eines distanzierten, hochintelligenten Vorfahren, hat es in der Familie einen jeweils unterschiedlichen Status. Der Name ruft gute oder schlechte Erinnerungen wach und kann von vornherein eine mehr oder weniger positive Einstellung gegenüber demjenigen erzeugen, der ihn trägt.

Von Geburt an stellen Namen also Beziehungen in der Familie her, die sich schließlich verfestigen. Sie können der Grund für eine unterschiedliche Zuneigung seitens der Eltern, aber auch seitens der Großeltern, Onkel, Tanten oder Cousinen sein. In manchen Familien führt die Aura bestimmter Vornamen sogar dazu, daß Geschwister deshalb aufeinander eifersüchtig sind. Die Zuneigung der Großeltern, die mehr oder weniger gerecht ausfällt, spielt bei der Rivalität von Geschwistern ebenfalls eine große Rolle.

Darüber hinaus können verschiedene Aspekte der Familiengeschichte mehr oder weniger bewußte Vorlieben wachrufen. Erinnerungen an das Glück bei der Geburt eines Kindes können beispielsweise die Ursache für eine starke Konkurrenz unter Geschwistern sein, wie der folgende recht amüsante Fall illustriert.

Andrews Eltern haben sich als ganz junge Leute kennengelernt, in einer postpubertären Phase, in der sie etwas »draufgängerisch« waren. Sie sind in Australien zusammengekommen, und in diesem fernen Land haben sie ihr erstes Kind gezeugt. Erst wenige Wochen vor der Entbindung sind sie nach Frankreich heimgekehrt. Dieses herrliche Jahr in der australischen Wüste ist für immer in ihr

Gedächtnis eingraviert, und bei jedweder Gelegenheit wird in der Familie wieder davon gesprochen. Andrew gilt in der Familie dementsprechend als das »Kind aus Australien«, obwohl er dort nur im Mutterleib gelebt hat.

Ein paar Jahre später vergrößert sich die Familie um ein kleines Mädchen, das auf sehr »konventionelle« Weise in Frankreich zur Welt kommt. Als es älter wird, zeigt sich, daß es äußerst eifersüchtig auf seinen Bruder ist und wütend darüber, daß es keinen Anteil an dem Familienroman hat, dessen Held er ist. Wenn sie zornig ist, nennt sie ihn voller Verachtung den »Australier«. Sie verabscheut es, mit dem Flugzeug zu fliegen, mit folgender Begründung: »Im Flugzeug kann man Kinder kriegen, die nachher aus Australien kommen könnten.« Schlimmer ist, daß sie zugleich eine generelle Phobie gegen Fahrzeuge entwickelt hat und sich weigert, in einen Bus oder ein Auto zu steigen. So zwingt sie ihre Eltern, sie mit dem Fahrrad in den Kindergarten zu bringen.

Die Rivalität zwischen den Geschwistern beruht also auf der Überlieferung eines prägenden Erlebnisses der Familie im Gegensatz zu einem Ereignis, das als banal erlebt wird. Das kleine Mädchen hat das Gefühl, unter normalen Umständen geboren zu sein, während ihr Bruder auf viel extravagantere Weise zur Welt kam. Bestimmte Faktoren bringen mich aber zu der Überzeugung, daß diese Eifersucht mit der Zeit nachlassen und das Mädchen ihren Eltern und ihrem Bruder bald schon weniger zur Last fallen wird. So hat sie etwa als Ersatzobjekt ein Plüsch-Känguruh erwählt, und wenn sie auf dem Kindersitz am Fahrrad ihres Vaters sitzt und sie über eine Straßenschwelle fahren, hopst sie hoch und sagt: »Ich bin auch ein Känguruh!«

Ich bin davon überzeugt, daß Familiengeheimnisse überaus belastend wirken können, dennoch kann ich Eltern keinen Vorwurf machen, wenn sie ihren Kindern von »früher« erzählen. Sie sollten aber darauf achten, daß die Erzählungen ausgewogen sind, so daß keines ihrer Kinder sich von der Familiengeschichte ausgeschlossen fühlt. Meinetwegen darf man seine Erinnerungen bei Bedarf ruhig ein bißchen ausschmücken, um eine Geschichte interessanter zu machen. Im allgemeinen sind Nachgeborene fasziniert davon, was ihr älteres Geschwister erlebt hat, als es noch Einzelkind war. Auf dieser Grundlage können sie sich selbst vergleichen, aber auch abgrenzen. Aber solche Informationen können ihnen auch das Gefühl geben, sie hätten nicht dieselben Trümpfe in der Hand wie ihr Bruder oder ihre Schwester, um die Eltern zu verführen.

Zu den Familiengeheimnissen, die eine Belastung für die Beziehung unter Geschwistern darstellen können, gehört unter anderem eine künstliche Befruchtung. Manche scheinbare Unfruchtbarkeit wird durch die Geburt eines ersten Kindes nach einer In-vitro-Befruchtung »geheilt«, und in der Folge kommt es zur natürlichen Zeugung eines zweiten Kindes.

Ich kann mir ein Lächeln nicht verkneifen, wenn ich mich an den kleinen Jungen erinnere, der in meine Praxis kam und mir erklärte, er sei nicht der Sohn seiner Eltern. Während er das sagte, blickte er seinen kleinen Bruder sehr böse an. Er ärgerte ihn häufig und sah ihn als das echte Kind von Leuten an, die sich seiner Meinung nach nur als seine Eltern ausgaben. Er wollte zur Not noch anerkennen, daß seine Mutter ihn möglicherweise auf die Welt gebracht hatte, aber sein Vater hieß »Monsieur IVF«. Daran bestand für ihn überhaupt kein Zweifel. Sogar der Psychologe, zu dem er regelmäßig ging, hatte es ihm bestätigt. Natürlich, Sie werden es bereits ahnen, war dieses Kind in einer In-vitro-Fertilisation gezeugt worden. Seine Eltern wollten es besonders gut machen und hatten ihm – vielleicht ein bißchen früh – die medizintechnische Methode ganz genau erklärt.

Für ein Kind ist es immer ein prägendes Erlebnis, wenn es von seiner eigenen Geschichte erfährt; aber man sollte sie ihm in einfachen Worten erzählen und in einem Alter, in dem das Kind sie verstehen kann. Was die künstliche Befruchtung angeht, so zeigt die Erfahrung, daß das mit zehn oder elf Jahren der Fall ist.

Je nachdem, was die Eltern oder manchmal die Großeltern den Kindern erzählen, wird das Erstgeborene entweder zum »Herausforderer« der Wissenschaft oder aber ein »falscher Bruder« oder eine »falsche Schwester«. Das hängt ganz vom verwendeten Wortschatz ab, aber auch davon, vor welchem erzieherischen Hintergrund die Erzählung steht. Wenn das erste Kind, das so ersehnt war, allzusehr behütet und von der Familie mit zu viel Hoffnungen beladen wird, kann das zweite sich vernachlässigt fühlen, weil es nicht für so viel Interesse sorgt.

Enttäuschte Hoffnungen

Natürlich wissen Eltern es von vornherein: Nicht alle Babys sind bei der Geburt gleich. Zu den rein äußerlichen Unterschieden – Größe, Gewicht, Kopfform, Haaransatz –, die die Eltern oft darüber spekulieren lassen, was für ein

Kind aus dem Säugling einmal werden mag, kommt das, was man anfangs über die Anlagen seiner Persönlichkeit feststellen kann. Manche Kinder sind freundlicher, essen besser, schlafen besser, lächeln mehr, weinen weniger und bezaubern ihre Eltern mehr mit ihrem Geplapper – kurz, sie sind pflegeleichter als andere. Die Bindung zu ihren Eltern und vor allem zur Mutter wird dadurch besonders intensiv. Denn die Mutterliebe ist kein spontaner Reflex; sie entwickelt sich bei jedem Kind unterschiedlich, und zahlreiche Faktoren spielen dabei eine Rolle.

Der Verlauf der Entbindung ist ein wesentliches Element. Eine Geburt mit Komplikationen, bei der die Mutter große Schmerzen zu ertragen hat, kann mehr oder weniger bewußt negative Erinnerungen hinterlassen. Dadurch kann die Mutter-Kind-Beziehung gestört werden, auch wenn die Emotionen und Empfindungen, die die Mutter beim ersten Kontakt in den Minuten nach der Entbindung überkommen, überwiegen.

Zahlreiche medizinische Untersuchungen haben dies bestätigt; daher wurden in Krankenhäusern Stationen für Mütter und Kinder eingerichtet, wo frühe Beziehungsstörungen diagnostiziert werden. Diese treten relativ häufig auf, wenn zwischen dem realen Kind und dem Kind, das man sich während der Schwangerschaft vorgestellt hat, ein zu großer Unterschied besteht, oder wenn die Mutter sich in einer emotional schwierigen Phase befindet, etwa nach einer Trennung oder einem Trauerfall. Erst das Zusammenleben mit ihrem Kind hilft der Mutter, es anzuerkennen.

Neuere Studien zeigen in der Tat, daß das Baby ein Verführer ist. Es setzt Mimik und Körperhaltungen ein, die darauf abzielen, die Mutter vor Zärtlichkeit zerfließen zu lassen. Zum Beweis nur ein einziges Beispiel: Die Art und Weise, in der ein Neugeborenes auf die Brust der Mutter zustrebt und sich in ihren Arm schmiegt, und das nur wenige Minuten nach der Geburt, überzeugt sie ganz von allein, daß es sie liebt und sich ihr vertrauensvoll hingibt. Daraufhin liebkost sie es spontan und murmelt ihm die ersten zärtlichen Worte zu. Das Baby ist verzückt, sieht zu ihr auf, läßt einen kleinen Gluckser oder einen winzigen Seufzer hören, deutet gar eine Grimasse an, die sie sofort als Lächeln interpretiert – denn das Lächeln gibt es schon ganz am Anfang des Lebens.

Und doch zeigen alle aktuellen psychiatrischen Untersuchungen, daß die ersten Interaktionen zwischen Mutter und Kind auf einem Mißverständnis beruhen: Das Baby bewegt sich mehr oder weniger instinktiv, aber seine Mutter interpretiert das als affektives Verhalten. Die Grundlage der Mutter-Kind-Beziehung basiert in erster Linie auf Hautkontakt und dem Blickwechsel. Seit langem weiß man, daß Babys vom menschlichen Gesicht angezogen werden, vor allem von den Augen, die sie intensiv fixieren.

Die Arbeiten von René Spitz, einem berühmten amerikanischen Psychologen und Psychoanalytiker, haben gezeigt, daß das Kind für seine Entwicklung eine Bindung an einen Menschen braucht, normalerweise an seine Mutter. Diese Bindung ist angeboren und erlaubt dem Säugling, auf die Stimulation der Mutter oder des Vaters adäquat zu reagieren. Nur wenn der Austausch harmonisch abläuft, können sich die Eltern-Kind-Beziehungen gut entwickeln; man spricht dann von einem perfekten »Bindungsverhalten«. Dieses Band verstärkt sich mit der Zeit und durchlebt Höhen und Tiefen: Manchmal bestehen beim Kind nicht die geeigneten Voraussetzungen, um angemessen auf seine Mutter zu reagieren, manchmal ist sie zu sehr von den Alltagssorgen in Anspruch genommen oder in melancholischer Stimmung, und daher etwas weniger zugänglich. Die Umgebung, vor allem der Vater, hat die Aufgabe sie zu unterstützen und sie gegebenenfalls auch zu ersetzen.

Jedes Mutter-Kind-Paar gestaltet seine affektiven Bande also selbst: Die Persönlichkeit der beiden Beteiligten sowie die Umstände der Geburt sind Faktoren, die sie unter anderen in ganz eigener Weise beeinflussen. Die Ankunft jedes Kindes in einer Familie hat unterschiedliche Folgen, jede Beziehung ist besonders, mehr oder weniger intensiv, mehr oder weniger zufriedenstellend. Und so treten schon in den ersten Monaten nach der Geburt gewisse Vorlieben auf. Manchmal reicht es schon, daß ein nervöser, angespannter Säugling sich weniger in die Arme seiner Mutter schmiegt, daß er Tag und Nacht endlos schreit, und schon verläuft die Bindung an die Eltern weniger gut. Mit der Zeit kann die Beziehung sich verbessern oder aber für alle Beteiligten unbefriedigend bleiben.

Auch das Geschlecht des Kindes kann manchmal die Ursache für Bindungsprobleme sein. Eltern, die gerne Kinder beider Geschlechter haben wollen, sind enttäuscht, wenn sie ein zweites Mädchen oder einen zweiten Jungen bekommen. In manchen Fällen könnte man gar sagen, daß es »Pechsträhnen« mit sechs Mädchen oder fünf Jungen gibt. Es kann sein, daß die Eltern ihren Wunsch dann gerne Wirklichkeit werden lassen wollen; und so stellt man manchmal bei einem Mädchen sehr maskuline Vorlieben oder bei einem Jungen eine weibliche Empfindsamkeit fest. Warum ist dieses Kind so anders als seine Geschwister? Ich erkläre dieses Phänomen mit einem unbewußten

Transfer des Elternwunsches: Auch wenn die Eltern scheinbar das Geschlecht dieses Kindes akzeptiert haben, entspricht die Art der Erziehung während der frühen Kindheit nicht ganz seinem Geschlecht. Manche Erinnerungen werden eher aufgegriffen als andere, und sie werden anders umgesetzt als bei den anderen Geschwistern. Solche Geschichten können ein Kind sein Leben lang verfolgen und dazu führen, daß die Erwachsenen wieder nur Mädchen oder nur Jungen zeugen.

Der richtige Umgang mit Vorlieben

Eifersucht zwischen Geschwistern beruht auf den Vergleichen, die die Eltern anstellen. Kommentare über Schulleistungen, weiterhin eines der wichtigsten Bewertungskriterien, sind dabei vielleicht noch nicht einmal am gravierendsten; meines Erachtens können Bemerkungen zu äußerlichen Merkmalen noch viel mehr Schaden anrichten. Aus zwei Gründen haben sie eine besonders große Wirkung. Erstens ist man eben so, wie man ist; wenn man nicht gerade zur Schönheitschirurgie greift, kann man an seinem Äußeren nichts ändern, während Schulleistungen eine Sache des Willens sind. Und zweitens wird mit solchen Bemerkungen die Abstammung hinterfragt. Das ist um so bedeutsamer, da dies ohnehin ein normaler Prozeß in der psychischen Entwicklung des Kindes ist. Jedes Kind fragt sich eines Tages, woher es kommt, ob seine Eltern wirklich seine echten Eltern sind. Alle Kinder, oder fast alle, erfinden für sich dasselbe Märchen: Sie sind Sohn oder Tochter eines Königs, und die Familie, in der sie leben, ist nur eine Pflegefamilie.

So können banale Bemerkungen, die ohne böse Absicht fallengelassen werden, erhebliche Zweifel wecken. Wenn die Eltern zum Beispiel die schönen Locken oder die besondere Augenfarbe eines ihrer Kinder hervorheben, dann fragt sich ein Kind, das diese Merkmale nicht aufweist, automatisch, ob es wirklich zu derselben Familie gehört oder ob es nicht ein Findelkind ist. Aufgrund solcher Fragen kann es zwischen sich selbst und seinen Eltern eine Distanz empfinden, die es so bei den Geschwistern nicht wahrnimmt: Bekomme ich ein bißchen weniger Aufmerksamkeit, weil ich nicht das Kind meiner Eltern bin? Oder aber: Ist meine Mutter vielleicht ein bißchen strenger mit mir, weil ich nicht das Kind ihres Mannes bin? Der kleine Junge oder das kleine Mädchen stellt sich Fragen, aber seine Geschwister tun das genauso: Warum ist er oder sie eigentlich so anders?

Ich rate Vätern, Müttern, ja auch Großeltern, die Beobachtung nicht zu scheuen und ruhig festzustellen, welches der Kinder oder Enkelkinder ihnen selbst oder den anderen am nächsten steht. Damit wird ihnen erst richtig klar, daß sie sich bemühen müssen, um sich nicht zu sehr von dem Kind abzuwenden, das ihnen am wenigsten ähnelt. Vater oder Mutter zu sein, bedeutet ja nicht, sich in erster Linie mit dem Kind zu identifizieren, das die eigenen Vorstellungen erfüllt, sondern es heißt, sich mit dem Kind Mühe zu geben, das einen nicht völlig zufriedenstellt. Ja, ich habe tatsächlich »Mühe« gesagt, was einen entschiedenen Willen impliziert. Es ist auch wichtig, daß jeder der Eltern seine Zuneigung und seine Sorge mit jedem Kind in einer persönlichen Beziehung teilt und nicht etwa alle Kinder kollektiv zu erziehen und zu lieben versucht. Denn im »kollektiven« Kontakt besteht immer eine Affinität, eine

Bindung zwischen dem Elternteil und dem Kind, das ihm ähnelt; im individuellen Kontakt dagegen entsteht eine enge persönliche Beziehung, selbst wenn sie zu einem Konflikt führen kann. Ich stelle fast immer fest, daß eine individuelle Zuwendung zum Beispiel beim Spiel es dem Kind ermöglicht, sich um seiner selbst willen anerkannt zu fühlen; und die Eltern entdecken dabei manchmal Vorzüge, die sie bisher bei diesem Kind gar nicht vermutet hätten.

Die Tatsache, daß der Vater oder die Mutter sich mit dem Kind streitet, mit dem er beziehungsweise sie sich am wenigsten versteht, ist gar nicht so bedeutsam; solche Konflikte beweisen nur, daß keine Gleichgültigkeit herrscht. Wichtig ist nur, daß solche Konflikte in Abwesenheit des Lieblings ausgetragen werden, denn sonst wird dieser zum ständigen Belastungszeugen gegen das weniger geliebte Kind.

Das ungeliebte Kind

Die Medien erinnern uns von Zeit zu Zeit daran, daß es in manchen Familien ungeliebte Kinder gibt. Häufig ist ihre Geburt mit einem unglücklichen Ereignis verknüpft, wie der Trennung der Eltern oder dem Tod eines geliebten Menschen. Solche Kinder werden manchmal Opfer einer affektiven Übertragung; ihr Dasein wird als Grund für all das Unglück der Familie wahrgenommen. Besonders oft ist das bei Kindern der Fall, die gezeugt wurden, um eine Partnerschaft zu retten, die aber mit ihrer »Mission« scheitern. Ihre Gegenwart ruft den Eltern ihren affektiven Mißerfolg permanent wieder ins Gedächtnis.

Seit Cynthia, sieben Jahre, einen kleinen Bruder hat, hängt sie immer am Rockzipfel ihrer Mutter. Sie spielt ständig das Baby. Ich stelle fest, daß ihre psychomotorische Entwicklung für ihr Alter sehr zurückliegt, daß ihr Sprachniveau aber normal ist, wahrscheinlich aufgrund eines regelmäßigen Trainings bei einem Logopäden. Sie malt auch sehr hübsche, bunte Bilder mit vielen Blumen und Sonnen. Ihr kleiner Bruder begleitet sie; er ist ein sehr zufriedenes Kind. Er fragt mich, ob ich Bonbons habe, die er mit seiner Schwester teilen will. Im Einzelgespräch sagt mir das Mädchen: »Es ging uns gut, bevor er da war, ich hoffe, er wird schnell groß, er geht mir sehr auf die Nerven.«

Cynthias Geschichte geht über eine einfache Rivalität unter Geschwistern hinaus. Ihre Mutter berichtet mir, daß sie bei der Geburt der Tochter sehr deprimiert war, weil es Probleme in der Partnerschaft gab. Sie weiß, daß sie ihr viel zugemutet hat, und gesteht, daß ihr bei ihr immer schnell die Hand ausrutscht. Wenn Cynthia ihr ständig nachläuft, gibt sie ihr einen Klaps auf die Schenkel und sagt dazu: »Jetzt reicht es aber.«

Daß Cynthia trotz des Unwillens ihrer Mutter so an ihr klebt, bedeutet, daß sie Angst hat, zugunsten ihres Bruders verlassen zu werden.

Ungeliebte Kinder sind natürlich auch von der Rivalität der Geschwister um die elterliche Zuneigung betroffen.

Geschwister halten nur sehr selten zusammen, wenn eines von ihnen der Sündenbock der Eltern ist. Das geschlagene Kind wird manchmal sogar zusätzlich von seinen Brüdern und Schwestern gequält, aber meistens ist es ihnen gleichgültig; die Geschwister übernehmen damit die

Ansicht ihrer Eltern – aus einer Art Konformismus heraus, oder weil sie nicht genauso behandelt werden wollen. Doch es kommt auch vor, daß ein großes Geschwister sich dem »schlechten« Elternteil körperlich überlegen fühlt und eines seiner kleinen Geschwister verteidigt.

Das ungerecht behandelte Kind seinerseits weiß in der Regel, daß es nicht auf die Hilfe seiner Geschwister zählen kann, und solche Situationen führen fast immer dazu, daß der Geschwisterkreis auseinanderbricht. Wenn ein solches Kind außerhalb der Familie untergebracht wird, will es seine Geschwister meistens nicht wiedersehen, da sie ihm seine Vergangenheit nur schmerzlich in Erinnerung rufen. Auch wenn etwa eine Schwester den Vater beschuldigt, sie sexuell mißbraucht zu haben, ist die Reaktion von älteren Geschwistern, vor allem von Brüdern ihr gegenüber häufig ambivalent und widersprüchlich: Einer, der die Übergriffe nicht selbst erlebt hat, ist wütend auf die Schwester, weil sie den Vater »ans Messer liefert«, und die Mutter gleich dazu, da sie oft als Komplizin gilt. Er macht die Schwester verantwortlich dafür, daß die Geschwister im Heim untergebracht werden und die Familie zerbricht.

Erbe und Zuneigung

Wenn die Geschwister groß geworden sind, ohne allzusehr unter Bevorzugungen der Eltern zu leiden, so wird beim Tod der Eltern alles erneut in Frage gestellt. Dann nun muß der Besitz aufgeteilt werden, und das ist oft ein heikler Moment.

Warum ist der Erbfall immer kompliziert, auch wenn alles noch so gut organisiert und geregelt ist, wenn die Geschwister ihre Zuneigung und ihre Rivalitäten gut im Griff haben und vernünftige Leute sind? Der Tod der Eltern und vor allem ihre schriftlichen Anweisungen bezüglich der Verteilung ihres Besitzes lassen all die Urängste der Kindheit wieder aufleben: man fragt sich, ob man der Liebling war oder nicht beziehungsweise wen die Eltern am liebsten hatten … Sogar in den »geglücktesten« Geschwisterkreisen, in den ausgeglichensten Familienstrukturen stellt sich doch immer diese Frage. Und sie ist immer eine Quelle für Spannungen und Ängste.

Die Testamentseröffnung ist wie ein spannender Höhepunkt eines Psychodramas. Vielleicht ist es der letzte Ruf nach Liebe, obwohl jede Liebesbezeugung nach dem Tod unmöglich ist. Jedes Kind fragt sich, ob seine Eltern seinen wahren Wert erkannt haben. Und dann ist da noch all das, was man ihnen nie zu sagen gewagt hat – und jetzt ist es zu spät. Daraus wird nun eine Falle: »Ich habe dir nicht gesagt, wie lieb ich dich eigentlich habe. Vielleicht hast du es trotz meines Schweigens verstanden, und was du mir in deinem Testament zuteilst, wird das beweisen. Aber vielleicht hast du es auch nicht verstanden und den anderen begünstigt, denn er hat über seine Liebe zu dir gesprochen.« Noch die kleinsten, unwesentlichsten Dinge werden Träger dieser Botschaft. Beim Notar wird jedes Wort des Testaments auf die Waagschale gelegt und interpretiert: als Anerkennung oder Bestrafung.

Wie in den Tragödien der Antike stellt die Erbteilung das Ende der Familiengeschichte dar. War es vielleicht schon immer turbulent zugegangen, endet jetzt plötzlich alles noch schlimmer. Alle Anstrengungen, alle Zugeständnisse, mit denen man sich ein gutes Einverständnis unter den Geschwistern vorgemacht hatte, lösen sich in Luft auf. Der

Tod der Eltern ermächtigt jeden zu sagen, was er sich schon lange dachte, etwa: »Ich kann dich nicht ausstehen, obwohl du mein Bruder bist.« Jetzt kann die verdrängte Aggressivität, deren Ursprünge häufig schon sehr weit zurückliegen, zum Ausdruck kommen. Die Aufteilung des materiellen Besitzes ist ein Vorwand dafür, auch wenn die einzelnen Gegenstände noch so lächerlich sind, und minimale Vorfälle können sich oft zu riesigen Konflikten auswachsen. Dahinter steckt natürlich etwas völlig anderes.

Machen sich die Eltern nicht schuldig, wenn sie den Zerfall des Geschwisterkreises nach ihrem Tod programmieren? Manchmal machen sie es wie Pontius Pilatus: Sie waschen ihre Hände in Unschuld und scheren sich nicht darum, was nach ihnen aus den Geschwistern wird. Manchmal bedienen sie sich gar des Erbes, um einmal reinen Tisch zu machen. Wenn sie zum Beispiel einen Teil des Erbes einem Enkel vermachen, geben sie damit indirekt zu verstehen, daß eines ihrer Kinder ihr Liebling war – und dessen Kind wählen sie als Erben. Die anderen Kinder und ihre Nachkommen, die finanziell teilweise und emotional vollständig um ihr Erbe gebracht werden, sind in der Lage eines verlassenen Kindes. Genauso bedeutsam ist es, wenn einem Kind ein Gegenstand vermacht wird, von dem man wußte, daß ein anderes ihn unbedingt haben wollte.

Manche Geschenke sind auch ein Zeichen von posthumer Rache oder Vergeltung. Ein Freund erzählte mir einmal, sein Vater habe seiner Schwester einen Pokal vermacht, den er auf einer Segelregatta gewonnen hatte. Sie wußte nicht, was sie damit anfangen sollte, während mein Freund, selbst ein Skipper, ihn immer gerne besitzen wollte, als Erinnerung an seinen Vater, den er so bewunderte. Er hing sehr an ihm und konnte seine Geste nicht verstehen. Aber ich bin sicher, daß es sich dabei um einen Racheakt handelte: Der Vater rächte sich dafür, daß er nun nicht mehr segeln konnte, während sein Sohn weiterhin vor der Reede von Cassis kreuzen durfte.

5　Geschwister in der Pubertät

»Vollidiot«, »Blödmann«, »Dummkopf« – das ist nur eine kleine Auswahl der liebevollen Worte, mit denen pubertierende Jugendliche ihre Geschwister bedenken. Gegenstand des Zwistes sind in den meisten Fällen Revierstreitigkeiten – vor allem das eigene Zimmer, das in diesem Alter für die anderen absolut tabu ist –, aber es kann auch um Eigentum gehen – Kleidungsstücke, Stifte, ein Mofa oder Inline-Skater –, die ungefragt ausgeliehen, kaputtgemacht oder nie zurückgegeben werden. Konflikte, Streitereien, zugeknallte Türen und Handgreiflichkeiten sind jetzt besonders häufig und auch ganz natürlich. Der Jugendliche fühlt sich nicht wohl in seiner Haut und ist auf der Suche nach seiner Erwachsenenrolle. Dabei ist er für seine Umgebung besonders unleidlich, und natürlich entkommen auch die Geschwister seinen Launen nicht. Regelmäßig konsultieren mich völlig erledigte Eltern, die mit den Streitereien und den Aggressionen überfordert sind, zumal sie ihre schöne Vorstellung vom Familienleben zunichte machen.

Schuld ist immer der Kleine

Ich kann die Eltern beruhigen: Die Familie erlebt nur einen heftigen Wirbelsturm, aus dem sie in den meisten Fällen heil herauskommt. Vor der Pubertät sieht ein Kind nicht, daß seine Eltern altern, und plötzlich wird ihm das bewußt. Diese »alten Eltern« sind natürlich außerstande, das Kind zu verstehen, wo es doch die junge Generation vertritt.

Die Pubertät als Lebensabschnitt ist durch das Bedürfnis gekennzeichnet, sich von den Eltern abzusetzen, indem man ihnen alle möglichen Fehler vorwirft. Der Jugendliche greift ihre wichtigste Aufgabe an, nämlich die Erziehung der Kinder. Er findet, daß sie die jüngeren Geschwister miserabel erziehen, während ihn selbst dieses Problem dank seiner neuen Reife nicht mehr betrifft ... Bei diesem Thema entstehen leicht Konflikte, denn ich kenne keine normalen Eltern, die sich im Bereich der Erziehung für unfehlbar halten. Alle fragen sich früher oder später, ob sie es richtig anstellen, ob sie für ihre Kinder die richtigen Entscheidungen treffen. In den Augen des pubertierenden Erstgeborenen lassen sie dem jüngeren Geschwister alle denkbaren Fehler durchgehen, es ist ein verzogener Knirps, der alles darf, »so eine Klette gibt's nicht noch mal«, und vor allem ist es eine Petze, die den Eltern ständig verrät, was sie auf keinen Fall wissen dürfen.

Wenn alle diese Behauptungen auch auf heftigen Übertreibungen und einer guten Portion Hinterlist beruhen, so steckt darin doch ein Körnchen Wahrheit. Dem Kleineren ist nicht unbedingt bewußt, daß das große Geschwister älter wird und psychisch eine Phase durchläuft, die sich durch ein größeres Bedürfnis nach Unabhängigkeit bemerkbar macht. Das kleinere Kind hofft noch immer, daß der oder die Ältere mit ihm spielt, es mit ins Kino nimmt oder sich für seine Schulprobleme interessiert – und diese Hoffnung wird durch das regressive Verhalten des Erstgeborenen noch genährt, da er durchaus in der Lage ist, stundenlang vor einer Spielkonsole zu hocken oder sich vor dem Fernseher zu räkeln, während eine Zeichentricksendung für Kinder läuft.

Das arme Kleine! Denn was der Jugendliche bei seinem kleinen Geschwister nicht ertragen kann, ist einfach die Tatsache, daß es ein Kind ist und damit genau den Status verkörpert, dem er gerade mit solcher Mühe zu entkommen versucht. Wenn die Eltern mit den Geschwistern aufmerksam und liebevoll umgehen, bringt ihn das auf die Palme, da er liebevolle Gesten abweist und zugleich stark vermißt. Wie gerne würde er sich an seine Mutter schmiegen oder sich wie früher mit seinem Vater kabbeln, aber jetzt, mit seinen langen Armen und den schlaksigen Beinen, wäre es ihm doch peinlich. Wenn er sich so gehen ließe, könnten die anderen ja meinen, er sei nicht der Große, als der er sich ständig darzustellen versucht. Außerdem reaktiviert die Entwicklung seiner Sexualität auch die ödipalen Schwierigkeiten, und er kann es nur schwer ertragen, daß seine Geschwister fast dieselben Probleme haben wie er.

Die Eifersucht zwischen Erst- und Nachgeborenem kann durchaus auf Gegenseitigkeit beruhen: Der Ältere denkt, daß seine Eltern den kleinen Bruder oder die kleine Schwester viel lieber haben; der Jüngere beneidet das große Geschwister um seine größere Freiheit. Wenn der Große schon immer das Gefühl hatte, das ungeliebte Kind unter den Geschwistern zu sein, kann die Pubertät die Gräben vertiefen und eine angespannte Stimmung erzeugen. Aber manchmal gestehen die Älteren den kleinen Geschwistern auch eine gewisse Nützlichkeit zu: Da sie die Eltern beschäftigen, lassen diese den älteren Kindern freien Lauf. Und es kommt sogar vereinzelt vor, daß die Großen die Kleinen regelrecht dazu benutzen, um von sich selbst abzulenken.

Eltern als Vermittler

Sicherlich wird von den Eltern pubertierender Jugendlicher ein gehöriges Maß an Zurückhaltung gefordert. Häufig sind sie die ersten Leidtragenden der Spannungen zwischen den Geschwistern. Gerade deshalb ist es unerläßlich, daß sie schlichtend in die Konflikte der Kinder eingreifen. Dabei sollten sie unbedingt den Dialog fördern und jede autoritäre Haltung vermeiden. Wenn Eltern mich um Rat fragen, lege ich ihnen immer ans Herz, besonders darauf zu achten, den Eindruck zu vermeiden, daß sie ständig die Jüngeren unterstützen. Ich rate ihnen auch, ihre Wortwahl zu kontrollieren sowie kleine Sticheleien und Schuldzuweisungen zu vermeiden, die oft die Frustration erhöhen und den Groll der Beteiligten anfachen. Eltern haben keine andere Wahl, als sich mit Geduld zu wappnen, die Version jedes einzelnen anzuhören und bei jedem die Punkte aufzuzeigen, wo er Unrecht hat. Ideal ist es, die Kinder dabei zu unterstützen, selbst eine Lösung zu finden, die dann für alle möglichst akzeptabel sein sollte.

Das pubertierende Kind darf nicht das verheerende Gefühl haben, alles falsch zu machen – dieses Gefühl kann sich noch verstärken, wenn seine Geschwister sich gerade in einer leichteren Phase befinden und rundum glücklich wirken. Die Eltern sollten eine Vermittlerrolle haben und jedem Kind helfen, seine Empfindungen zum Ausdruck zu bringen und den eigentlichen Grund des Konflikts aufzudecken. Sie dürfen weder für einen der Streithähne Partei ergreifen noch dem Jugendlichen ihre Zuneigung versagen, selbst wenn er besonders schwierig ist. Erpressung ist nie ein geeignetes Erziehungsmittel – und schon gar nicht, wenn es um die Zuneigung geht.

Bündnisse in der Pubertät

Ich möchte das Bild der Geschwisterbeziehungen in der Adoleszenz nicht zu schwarzmalen. Zwischen den Wutausbrüchen und haßerfüllten Gefühlen gibt es zum Glück, außer in besonderen, pathologischen Fällen, auch positive Phasen, in denen ausgesprochen vertraute, herzliche Beziehungen vorherrschen. Meines Erachtens kann man die Pubertät als eine »zweite Chance« betrachten, zum Bruder oder zur Schwester seines Geschwisters zu werden, denn von dieser Zeit an kann man auf eine gemeinsame Vergangenheit in der Familie zurückgreifen. Ich stelle auch deshalb in dieser Zeit eine Veränderung in den Geschwisterbeziehungen fest, weil der Jugendliche jetzt selbst über seine Zeit verfügt und sich bestimmte Phasen ganz für sich allein freihält. Mit dem kleinen Geschwister kann sich aus diesen Momenten heraus eine enge Vertrautheit entwickeln. Die Eltern sind von diesen Momenten ausgeschlossen, während das jüngere Kind sie entweder teilt oder zumindest ins Vertrauen gezogen wurde und weiß, womit der Jugendliche sich beschäftigt. Geschwister kennen zum Beispiel fast immer das Samstagabendprogramm des anderen. Ein großer Bruder oder eine große

Schwester ist auch häufig Initiator, Vertrauensperson und Vorbild.

Wie gut sich die Geschwister verstehen, hängt wohl von ihrem Altersunterschied ab. Wenn der Jüngere gerade in die Pubertät kommt, während der Ältere bereits mittendrin steckt, so fördert das die Annäherung, weil beide dieselben Probleme durchmachen. Häufig stelle ich fest, daß das Einverständnis um so größer ist, wenn beide Jugendlichen dasselbe Geschlecht haben: Mädchen erzählen sich dann ihre Mädchengeschichten und Jungen ihre jungenhaften Heldentaten. Allerdings bedeutet ein gutes Verhältnis unter den Geschwistern nicht unbedingt, daß das die Beziehung zu den Eltern verbessert; diese haben manchmal das Gefühl, sie hätten es mit einer »Kindergewerkschaft« zu tun, die mit besonders harten Forderungen einen erbitterten Arbeitskampf führt. Denn in der Gruppe ist in diesem Fall Solidarität die Regel: Wenn einer Probleme hat, steht ihm der andere bei, und das besonders bei erzieherischen Sanktionen durch die Eltern; so kann etwa einer vom Thema ablenken, damit wenigstens im Moment dem Hagel von Vorwürfen ein Ende gesetzt wird.

Immer wieder habe ich festgestellt, daß Geschwisterbeziehungen sich in der Pubertät endlich bessern, nachdem die Kinder häufig sehr bewegte Jahre durchgemacht haben – ein positiver Effekt dieser chaotischen Phase, den man unbedingt hervorheben sollte.

Das Privileg des Benjamins

Die Beziehungen zwischen Geschwistern mit drei bis fünf Jahren Abstand mögen stürmisch sein, aber häufig treffe ich Jugendliche, die sich bestens mit einem Nachzügler verstehen. Sie werden dann unter Umständen, die sie selbst bestimmen, zu sehr aufmerksamen »Ersatzeltern«.

Matthias, 17, und Stéphane, 15, haben noch einen kleinen fünfjährigen Bruder namens Johann. Die beiden Großen kommen sich ständig in die Haare und werden manchmal auch handgreiflich, aber Johann wird in diese Streitereien niemals mit hineingezogen. Er lebt in seiner Kinderwelt und ist seiner Mutter noch sehr nahe. Stéphane, der gerade in die Pubertät kommt, ist etwas eifersüchtig auf ihn, aber mit seiner Größe von 1,70 Meter kann er sich schlecht in den Armen seiner Mutter seine Streicheleinheiten holen.

Matthias ist ein hervorragender Schüler, der häufig mit seiner Mutter über Literatur und Philosophie diskutiert. Er nimmt sich geradezu leidenschaftlich seines kleinen Bruders an: Er ist es, der ihm Gutenachtgeschichten erzählt, ihn in den Kindergarten bringt und ihm das Rollschuhlaufen beibringt. Johann bringt ihm dafür grenzenlose Bewunderung entgegen. »Wenn ich groß bin«, so sagt er, »will ich sein wie er: gut in der Schule und beim Skifahren.«

Der Jugendliche läßt sich von der Verletzlichkeit des kleinen Nachgeborenen erweichen, er sieht ihn als »Baby«, das seinen Schutz braucht. Gerne nimmt er ihn unter seine Fittiche, vorausgesetzt, er wird nicht zu anhänglich. Der große Altersunterschied schwächt die Konkurrenz um die Liebe der Eltern: Der Jugendliche weiß inzwischen, daß er die wahre Liebe ohnehin außerhalb der Familie suchen muß.

Aber es kommt auch vor, daß in der Pubertät Wunden offengelegt werden, die bisher unbemerkt geblieben sind, und daß Ereignisse, die in der Jugend zunächst still weggesteckt wurden, jetzt zum Auslöser psychischer Probleme werden.

Matthieu kommt mit Schlafstörungen zu mir. Er ist ein sehr umgänglicher Jugendlicher, der, kaum in meinem Büro, erklärt: »Wenn ich alle Geschichten aus meiner Kindheit erzählen muß, damit ich wieder schlafen kann, dann haben wir bestimmt eine Weile zu tun.« So ein Einstieg muß einen Kinderpsychiater neugierig machen ... Aber schließlich sind es seine Eltern, die mir verstehen helfen, wo seine Probleme ihren Ursprung haben.

Matthieu hat eine kleine Schwester, Virginie. Sie war eine Frühgeburt und mußte über einen Monat im Krankenhaus bleiben. Während dieser Zeit war die Mutter bei ihr und überließ den Großen der Obhut des Vaters. Als das Baby aus der Klinik entlassen wurde, sollte Matthieu gerade zu einem Aufenthalt ins Schullandheim. Er wirkte eigentlich zufrieden, aber da er sich nicht eingliedern konnte, kam er früher nach Hause als geplant. Heute ist Matthieu in seiner Klasse nur schlecht integriert. Er beschwert sich oft, daß er mittags in der Schulkantine essen muß, weil er so einen weiten Heimweg hat.

Matthieu leidet an einer nie verheilten Wunde, die auf die Geburt seiner kleinen Schwester zurückzuführen ist: Er hatte damals das Gefühl, sich selbst überlassen zu werden, und dieses Gefühl wurde durch die Klassenfahrt noch verstärkt, die gerade zu dem Zeitpunkt begann, als das

Baby zur Familie nach Hause kam. Matthieu bringt dieses
Verlassenheitsgefühl und seine Schullaufbahn miteinander
in Verbindung. Seine Schlafstörungen sind ein weiteres
Symptom der Probleme, die er bei jeder Art von Trennung
empfindet.

Matthieu leidet an den klassischen Spätfolgen einer
geschwisterlichen Konkurrenzsituation, die bei intelligen-
ten und sensiblen Kindern auftreten können; er braucht
keine komplizierte Therapie. Ich empfehle ihm die Sophro-
logie, eine Heilmethode, zu der Entspannung und Gesprä-
che mit einem Außenstehenden gehören und die bei Ge-
schwisterkonflikten vermitteln kann.

Die anderen übertreffen

Zwar können die Geschwisterbeziehungen während der
Pubertät immer spannungsgeladener werden, aber es gibt
auch Bereiche, in denen die Konkurrenz sich auf positive
Weise Luft machen kann. Nach den tastenden Versuchen
der Kindheit ist in der Pubertät der Moment gekommen,
in denen man sich für ein Hobby entscheidet, das häufig
das ganze Leben lang eine Rolle spielt. Jugendliche sind
heute in der Regel sportlich aktiv, und Rivalitäten unter
Geschwistern werden oft auf Fußballfeldern, Judomatten
oder Skipisten ausgetragen. Daß Jugendliche den Sport so
mögen, liegt daran, daß sie dabei über sich selbst hinaus-
wachsen und immer höhere Leistungen erbringen können – was die anderen wohl oder übel anerkennen müssen.
Wenn in einer Familie – häufig aufgrund einer Identifizierung mit einem Elternteil – alle Geschwister dieselbe
Sportart praktizieren, herrscht die Rivalität auf dem Spiel-

feld genauso wie zu Hause. Jedes Kind will das beste sein, weil ihm das Macht verleiht, aber auch, um dem Elternteil möglichst nahe zu sein, der seinerzeit in dieser Disziplin geglänzt hatte – und um ihn eventuell zu übertreffen. Häufig wird erbittert gekämpft. Der Schlechteste ist immer derjenige, der zuerst aufgibt; er muß dann ein anderes Gebiet finden, auf dem er sich auszeichnen kann.

Sportlerdynastien bauen auf einer konstruktiven Konkurrenz auf. Unvergessen bleibt das berühmte Schwesternpaar Christine und Marielle Goitschel. Sie kämpften auf den Slalompisten gegeneinander um olympisches Gold. Ein anderes Beispiel sind die Williams-Schwestern auf den Tenniscourts.

Geschwister als Heiratsvermittler

Geschwister sind die besten Heiratsvermittler für zukünftige Schwager und Schwägerinnen, die ich mir vorstellen kann. Bei pubertären Geschwisterpaaren mit einem Bruder und einer Schwester sind die Freunde des einen immer auch ein bißchen mit dem anderen befreundet. Der Jugendliche braucht Kontakte zu Menschen außerhalb seiner Familie, um eine verwandte Seele zu finden, und all diese Begegnungen sind Gelegenheiten, bei denen er sich in der Verführungskunst versuchen kann. Entscheidend dafür, wer erwählt wird, ist die gegenseitige Sympathie, manchmal aber auch eine rein äußerliche Anziehung. Wenn man den Bruder oder die Schwester als Alibi verwenden kann, hat das den Vorteil gänzlich vor der Neugier der Eltern bewahrt zu sein, die sich über die häufigen Besuche der Freunde des Geschwisters nicht wundern.

Macht man die ersten Erfahrungen in der Liebe mit dem Freund des Bruders oder der Freundin der Schwester, so werden sie natürlich nicht selten später auch zu Ehepartnern. Diese Partnerwahl enthält durchaus inzestuöse Züge. Sie stellt nämlich eine phantasierte Übertragung sexueller Beziehungen dar, die zwischen Bruder und Schwester verboten sind: »Wenn ich schon keine Beziehung zu meiner Schwester oder meinem Bruder haben kann – mein bester Freund oder meine beste Freundin dürfen es.«

Wenn die Schwester sich für den Freund des Bruders interessiert oder der Bruder mit der Freundin der Schwester flirtet, ist das auch ein hervorragender Schutz vor Homosexualität. Jeder Jugendliche, der auf der Suche nach Liebesgefühlen ist, macht eine normale Phase der Bisexualität durch. Die beste Freundin, der beste Freund spielen dabei eine wichtige Rolle, da sie Teil einer starken affektiven Beziehung sind. Wenn der Jugendliche, Mädchen oder Junge, sich in das andere Geschlecht verliebt, beweist er, daß er keine homosexuelle Beziehung zu seinen Freunden hatte.

Aus Studien, die die Herausbildung von Paarbeziehungen untersuchen, geht hervor, daß der einzelne zwar nicht unbedingt den Freund des Bruders oder die Freundin seiner Schwester heiratet, daß er aber in der Regel einen Partner wählt, der Gemeinsamkeiten mit einem Familienmitglied aufweist, und besonders häufig mit dem Bruder oder der Schwester. Oft spielen dabei physische oder charakterliche Ähnlichkeiten, verwandte Vornamen oder kulturelle und sportliche Interessen eine Rolle. Es ist also kein Wunder, wenn ein Junge nacheinander mit zwei Schwestern ausgeht oder wenn ein Mädchen sich kurz hintereinander in zwei Brüder verliebt. Tatsächlich gibt es nur selten Paare, bei denen keiner der Partner dem Bruder oder der Schwester des anderen ähnlich ist. Soziologische Studien über die Partnerwahl zeigen übrigens, daß Eheleute nach wie vor aufgrund sozialer und kultureller Gemeinsamkeiten zusammenfinden.

Die anderen leiden mit

Ich habe in meiner Praxis wiederholt ein seltsames Phänomen beobachtet, das pubertierende Geschwister miteinander verbindet: In dieser Lebensphase zieht die Krankheit eines Kindes häufig alle anderen Geschwister in Mitleidenschaft.

Edouard leidet unter Hyperventilation – einer schweren Dekompensationserscheinung, die in seinem Alter aber relativ häufig ist. Der 17jährige erklärt, er sei das Opfer einer Verschwörung von Leuten, die ihm nach dem Leben trachteten. Zudem hat er eine Phobie vor Bakterien und will sich weder ausziehen noch waschen. Seinem älteren Bruder und seiner jüngeren Schwester macht das angst. Sie gestehen mir den Grund dafür, als ich mit ihnen alleine spreche: Einer ihrer Onkel leidet an der Chromosomenanomalie Trisomie 21 (Down-Syndrom). Er wird von seiner Schwester gepflegt, die selbst keine Kinder hat. Aus dieser Situation kommen Edouards Geschwister darauf, daß ihre Familie einen Erbschaden aufweisen könnte, und die Probleme ihres Bruders sind ihrer Meinung nach ein zusätzliches Indiz dafür. Sie fragen mich auch, ob es Untersuchungen gibt, mit denen sich feststellen läßt, ob sie Träger der Krankheit sind oder nicht.

Jugendliche verstehen offenbar sehr gut, was bei ihren ungefähr gleichaltrigen Geschwistern los ist. Nur selten verraten sie Verhaltensformen wie Drogenkonsum oder die Absicht auszureißen. Aber »paranoide Psychosen« oder Persönlichkeitsstörungen machen ihnen sehr zu schaffen. In ihrer eigenen seelischen Labilität, die für die Pubertät typisch ist, befürchten sie, eine psychische Störung könnte sich zu einer Geisteskrankheit weiterentwickeln.

Andere, häufiger auftretende Situationen sind allerdings gefährlicher – wie etwa suchtartige Störungen des Eßverhaltens. Davon können zum Beispiel zwei Schwestern betroffen sein, von denen die eine mit Übergewicht kämpft und die andere magersüchtig ist. In einem solchen Fall ist das etwas zu rundliche Mädchen, das es nicht schafft abzunehmen, eifersüchtig auf die magersüchtige Schwester, deren »Plan« so gut aufgeht. Dieses Neidgefühl ist um so stärker, wenn die Schwester der Mutter sehr nahesteht, die in der Vergangenheit selbst Gewichtsprobleme hatte. Daraus ergibt sich eine doppelte Konkurrenzsituation: Das übergewichtige Mädchen kann die Schmächtigkeit seiner Schwester nicht ertragen und leidet zudem unter der Tatsache, daß sie in gewisser Weise das Spiegelbild der Mutter ist, die es selbst schließlich geschafft hat, schlank zu bleiben.

Generell kann man sagen, daß Eltern sich in der Regel nicht genügend um die Geschwister von Jugendlichen kümmern, die an Magersucht leiden, obwohl diese Störung die Brüder und Schwestern sehr beschäftigt.

Ich erinnere mich an ein Gespräch mit Karine, einer älteren Schwester eines magersüchtigen Jungen. Sie war überzeugt davon, daß ihr Bruder diese Eßstörung entwickelt

hatte, weil er unter der Böswilligkeit bestimmter Klassen-
kameraden zu leiden hatte. Bei genauerer Analyse stellte
sich heraus, daß er tatsächlich einer extremen Böswillig-
keit ausgesetzt war, allerdings von Seiten seiner großen
Schwester. Karine projizierte ihre eigene Aggressivität auf
Außenstehende; die Anorexie ihres kleinen Bruders hatte
bei ihr heftige Schuldgefühle ausgelöst.

Solche Situationen zeigen, wie aufschlußreich es ist, vor
Beginn einer Therapie die Beziehungen zu untersuchen,
die ein Jugendlicher zu seinen Geschwistern hat; besonders wenn es beispielsweise um schwere Störungen des
Eßverhaltens oder um Suchtkrankheiten geht. Wenn ein
Jugendlicher gewalttätig oder suizidgefährdet ist oder einfach an Schulangst leidet, stößt er bei seinem Bruder oder
seiner Schwester immer auf ein offenes Ohr, egal ob er
älter oder jünger ist. Ein besonderes Kennzeichen der
Pubertät ist, daß es in diesem Alter keine Hierarchisierung
oder Abwertung von Pathologien gibt: Alle werden gleich
ernstgenommen und anerkannt.

Jugendliche neigen stark zu Depressionen. An die 40
Prozent denken eines Tages an Selbstmord; viele sind tatsächlich kurz davor und legen ein extrem risikoreiches
Verhalten an den Tag. In diesem Alter kämpfen viele mit
großen Schulproblemen: Man verlangt von ihnen, stets
die Erwartungen der Eltern und der Lehrer zu erfüllen,
aber zugleich explodiert ihre Gefühls- und Gedankenwelt.
Sich unvernünftig zu verhalten, tut ihnen paradoxerweise
ausgesprochen gut.

Daß Geschwister gegenüber dem seelischen Leiden
eines Bruders oder einer Schwester auch gleichgültig bleiben können, läßt sich vielleicht damit erklären, daß jeder

für sich genommen von der Situation profitiert. Wenn zum Beispiel eines der Geschwister an Schulangst leidet, werden die Eltern sich mehr um dieses Kind kümmern. Sie lassen die anderen in Ruhe und machen sich weniger Gedanken um ihre Kontakte und ihre schulischen Leistungen. Dieser Nebeneffekt ist vielleicht kritisierbar, aber er ist durchaus wirksam.

Angst vor Ansteckung

Wenn eines der Kinder Selbstmord begeht, wirkt sich das auf die Familienmitglieder ganz unterschiedlich aus. Ein solches Ereignis ist für die Eltern eine Tragödie: Zum Schmerz über den Verlust eines geliebten Kindes kommt noch die unermeßliche Furcht hinzu, dieses Drama könnte sich bei den anderen Kindern wiederholen. Die Brüder oder Schwestern dagegen ziehen sich meistens in sich selbst zurück und nehmen keinen Anteil an dem Trauma der Schuldgefühle, das die Eltern belastet. Ein kleineres Geschwister isoliert sich in der Regel, entweder ganz allein wie ein Einzelkind, zu dem es nun geworden ist, oder in der Beziehung, die es zu einem der Geschwister aufbaut, das ihm am nächsten steht. In jedem Fall tritt Schweigen ein: Generell sprechen die Kinder unter sich nicht von dem Selbstmord.

Diese Reaktion zeigt deutlich, daß jedes Kind einzigartig ist und daß der Tod eines Geschwisters diese Besonderheit noch verstärkt. Genauso sind die Fragen, die die Geschwister sich über die oder den Toten stellen, individuell ganz unterschiedlich. Zum Teil hängt es vom Alter ab: Wenn das Geschwister, das sich das Leben genommen hat, gerade in der Pubertät war und der Bruder oder die Schwester sich in derselben Phase befindet, so ist das Schweigen noch hartnäckiger, denn derjenige, der übrigbleibt, kennt das Gefühl der Depression und die schwarzen Gedanken nur allzugut; er denkt selbst zu oft an den Freitod, als daß er darüber sprechen könnte; er weiß ganz genau, worauf der Akt seines Bruders oder seiner Schwester zurückzuführen ist.

Dieses Stillschweigen vergrößert die Angst der Eltern zusätzlich, die eine Art Ansteckung unter ihren Kindern befürchten. Droht die Familie durch weitere Selbstmorde ausgelöscht zu werden? Ich denke, man kann sich kaum eine schlimmere Situation vorstellen als die, daß sich nach dem Suizid eines Kindes ein weiteres Kind im selben Alter das Leben nimmt. Aber ich kann die Eltern beruhigen: Der überlebende Jugendliche ist deshalb nicht stärker selbstmordgefährdet. Eher im Gegenteil: Wenn ein Geschwister tatsächlich Ernst gemacht hat, so beschützt ihn das davor, es ihm nachzumachen. Denn er wird Zeuge des Leids seiner Eltern und fühlt sich ihnen gegenüber in gewisser Weise verpflichtet weiterzuleben. Es wäre übrigens aufschlußreich, einmal zu untersuchen, inwieweit Risikoverhalten – etwa Drogen- oder Alkoholmißbrauch – bei Jugendlichen abnimmt, deren großes Geschwister Selbstmord begangen hat. Allein durch sein Dasein hält der Überlebende bei seinen Eltern den Gedanken an den Tod wach; er sagt ihnen gleichsam: »Paßt auf, achtet darauf, daß unsere Familie nicht noch andere Tote zu beklagen hat, einer reicht.«

Ein jüngeres Geschwister kann sich nicht vorstellen, daß einer der Eltern für den Selbstmord des Bruders oder der Schwester irgendwie verantwortlich ist. Die Eltern dagegen neigen stark zu Schuldgefühlen, weil sie schließlich für ihre Kinder verantwortlich sind. Ich denke, der zurückbleibende Jugendliche versteht die Tat des Geschwisters aus sich heraus, während die Eltern unaufhörlich versuchen, einen »objektiven« Grund dafür ausfindig zu machen.

Besser und wünschenswert ist es, wenn Streit und Konflikte unter den Geschwistern vor dem Selbstmord häufig waren, damit der überlebende Jugendliche nicht aufgrund eines bestimmten Streitfalls Schuldgefühle entwickelt. Wenn er weiß, daß Konkurrenz unter Geschwistern normal ist, ist er vor dieser Gefahr gefeit. Denn die meisten Geschwister verstehen sich schlecht, und nur die Eltern meinen, es sei alles in Ordnung. Nach einem Selbstmord projizieren sie dann ihre Schuldgefühle auf die Kinder und fürchten, diese könnten sich dafür verantwortlich fühlen, weil sie mit dem Geschwister auf Kriegsfuß standen. Als Bruder oder Schwester empfindet man zwar nicht die gleiche pathologische Trauer wie die Eltern, aber man ist nicht vor der Angst geschützt, die sie übermitteln. So befürchtet der Jugendliche, er könnte sich eines Tages mit seinen eigenen Kindern in einer ähnlichen Situation befinden.

Der Selbstmord wirkt auf die Geschwister ganz unterschiedlich, je nachdem wie groß der Altersunterschied zu dem Toten ist. Ein kleines Mädchen von drei oder vier Jahren, deren 19jährige Schwester sich das Leben nimmt, versteht die Zusammenhänge natürlich nicht. Was soll man ihm sagen? Daß sie Hand an sich gelegt hat? Daß sie einen Unfall hatte? Der Kleinen die Situation zu erklären, ist beinahe unmöglich; aber sie wird die Trauer der Eltern sehr wohl spüren und könnte darunter leiden. Eltern von Kleinkindern entscheiden sich häufig dazu, nicht die Wahrheit zu sagen, und erfinden mehr oder weniger glaubhafte Unfälle. Im Lauf der Jahre wird dieses Familiengeheimnis immer schwerer zu ertragen, und ich denke, daß die Eltern es lüften sollten, wenn ihr jüngeres Kind in der Lage ist, es zu begreifen – wenn möglich in einer Situation, die für ein solches Gespräch geeignet ist.

Wenn das Kind älter wird, haben die Eltern immer dieselbe Befürchtung: Wird es sich auch das Leben nehmen, wenn es im Alter des großen Geschwisters ist? Ein kleines Kind macht seinen verstorbenen Bruder oder seine Schwester oft zum Helden und huldigt ihm mit kultischer Verehrung, was die Eltern unterstützen. Da der Erstgeborene aber physisch abwesend ist, kann das die psychische Entwicklung des Kindes stören, weil der Ältere als Identifikationsfigur fehlt. Am schwierigsten ist es für die Eltern, das tote Kind nicht zu einem außergewöhnlichen Menschen zu stilisieren, an den keines der Geschwister je heranreichen kann. In einem solchen Fall können Rivalitätsgefühle und natürliche Eifersucht nicht mehr zum Ausdruck kommen; die anderen Kinder ziehen bei Vergleichen dann stets den kürzeren und können schweren Störungen ihres Selbstbildes erliegen, die sie in der Zukunft erheblich belasten.

Eltern scheinen sich weniger Sorgen zu machen, wenn die Geschwister des Toten bereits älter sind. In der Tat sind junge Erwachsene, auch wenn sie ihrer Familie und ihren Geschwistern nahestehen, in erster Linie mit der Gründung ihrer eigenen Familie beschäftigt. Und wenn sie zum Zeitpunkt des Selbstmords noch bei den Eltern leben, so beschleunigt das ihr Streben nach Unabhängigkeit. Ohne daß das etwa Feigheit bedeuten würde, entfliehen sie der heimischen Atmosphäre, die ihren glücklichen Zukunftsplänen schaden könnte.

Wachsende Unabhängigkeit

Das Jugendalter ist manchmal auch die Zeit, in der Geschwister sich trennen. Die Ausbildung und der Eintritt ins Berufsleben verschaffen ihnen beinahe eine vollständige Unabhängigkeit. Die Geschwister sehen sich nur noch manchmal am Wochenende oder zu Familienfesten. In der Regel gibt es dann ein fröhliches Wiedersehen. Eifersucht und Rivalität werden jetzt nicht mehr zu Hause ausgetragen. Statt dessen können die Kinder etwa in der Berufswahl ihre Konkurrenz fortführen, ohne dabei die Aufteilung der elterlichen Zuneigung in Frage zu stellen, es sei denn, eines der Kinder übernimmt die Firma der Eltern. Aber wer flügge geworden ist, bereut das meistens nicht...

Mit den Jahren werden Liebesbeziehungen wichtiger als die Geschwisterbande. Und doch sind die Geschwisterbeziehungen hier nicht zu Ende, denn eines Tages wird die Familie größer werden und Schwager und Schwägerinnen aufnehmen. Und dann beginnt eine neue Geschichte...

Erwachsen zu werden bedeutet, seine Gedanken, sein Leben, seine Gefühle, seine Zuneigung und seine Affekte unter Kontrolle zu bringen. Ich glaube, ein Bruder oder eine Schwester kann bei all diesen Dingen einen Teil der nötigen Unterstützung bieten. Aber was im Leben des einzelnen zählt, ist letztlich er selbst. Das soll nicht heißen, daß Geschwister sich negativ auf die Entwicklung des Individuums auswirken. Doch man entwickelt sich nicht *mit* seinen Geschwistern, sondern *dank* ihnen, *gegen* oder *ohne* sie. Viele Eltern hegen die Illusion, ihre Kinder wüchsen alle in derselben familiären Dynamik auf. Diese Vorstellung beruht auf einem Irrtum, denn eine Familie ist keine soziale Mikrogruppe, in der die genetische Gemeinsamkeit die psychischen Strukturen harmonisch organisiert. Häufig wird hier die Psychologie mit der Genetik verwechselt; und vor allem werden die Anlagen und Gene damit überbewertet, und dem Einfluß der Umwelt wird zu wenig Bedeutung zugemessen, insbesondere wie sie erlebt und interpretiert wird. Der Mensch konstituiert sich, indem er die Welt entdeckt, und nicht indem er eine Welt passiv entgegennimmt, die durch die Vorgaben identischer familiärer Chromosomen determiniert wäre.

6 Zwillinge: Ein Extremfall

Romulus und Remus sind unbestritten die ersten berühmten Zwillinge der Geschichte. Ihr mythologisches Schicksal ist über Generationen hinweg durch eine Folge von Geschwisterrivalitäten gekennzeichnet, die Götter wie Menschen betreffen. Nun herrschte aber in Rom ein eklatanter Mangel an psychologischen Beratungsstellen, in denen die Götter, die sich für Menschen hielten, hätten betreut werden können. Eine rechtzeitige Therapie hätte vielleicht das Schicksal dieser Zwillinge verändern können.

Alles beginnt in Troja. Aeneas und sein Vater Anchises fliehen aus der Stadt, die von den Griechen erobert wird. Aeneas' Gattin Krëusa hat ihm sterbend ihren Sohn anvertraut. Die Trojaner stechen ins Meer, mit dem Ziel, im Land ihrer Vorfahren Zuflucht zu suchen: auf Kreta. Aber sie kennen den Weg dorthin nicht gut. Aeneas verirrt sich in der Dunkelheit und segelt nach Italien. Doch dort wird der Sohn der Venus nie an Land gehen: Er wird den Blitzen der Juno zum Opfer fallen, der Schwester und erbitterten Feindin seiner Mutter. Erst sein Sohn Ascanius wird sich nach zahlreichen Stürmen und Wechselfällen in Italien niederlassen. Er gründet die Stadt Alba Longa und zeugt zwei Söhne: Numitor, den Erben des Reiches, und Amulius. Dieser rast vor Eifersucht auf seinen großen Bruder,

der mit allen Begabungen gesegnet ist sowie das Vorrecht genießt, eines Tages König zu werden.

Beim Tod ihres Vaters verjagt Amulius seinen Bruder Numitor und ergreift die Macht. Um der Bedrohung durch die einzige Nachfahrin seines Bruders, Rhea Silvia, zu entgehen, macht er sie zur Vestalin. Er meint, so die Nachkommenschaft seines Bruders zu unterbrechen, denn nach dem Gesetz müssen diese Mädchen jungfräulich bleiben, um würdig zu sein, das heilige Feuer der Götter zu unterhalten. Aber er hat nicht mit der Verführungskunst von Mars gerechnet, der in der Gestalt eines herrlichen Kriegers die schöne Rhea Silvia dazu bringt, sich zu entflammen. Dank des Eingreifens ihrer Cousine, der geliebten Tochter des Amulius, entgeht sie der Todesstrafe, muß aber versprechen, ihr Kind dem Tyrannen auszuliefern. Rhea Silvia aber gebärt Zwillinge, Romulus und Remus. Amulius ist vom Unglück verfolgt: Er fürchtete schon die Geburt eines einzigen Kindes, und jetzt hat Mars' Fruchtbarkeit Zwillinge hervorgebracht! Kinder, die die Eifersucht zerfressen wird, so wie es schon bei ihren Vorfahren der Fall war.

Auf königliche Anordnung hin werden die Kinder in einem Korb auf dem Hochwasser führenden Tiber ausgesetzt. Trotz der Strömung bleibt der Korb im Schilf hängen. Mars, der den Tod seiner Kinder nicht hinnehmen kann, greift ein und schickt eine Wölfin zu Hilfe, die sie säugt und aufzieht. Einige Zeit später werden die Zwillinge von einem Hirtenpaar aufgenommen. Die Hirtin ist unfruchtbar. Das Paar verschweigt die Herkunft der Kinder, denn Unfruchtbarkeit galt vor den Zeiten der modernen Wissenschaft und der künstlichen Befruchtung als göttliche Strafe. Es war also besser, das von den Göttern auferlegte Unglück zu verschweigen.

Romulus und Remus wachsen in den Wäldern auf, spielen mit wilden Tieren und verjagen Viehdiebe. Bei einer solchen Verfolgungsjagd wird Remus von Räubern gefangengenommen und in den Palast des Amulius geführt. Der König, der nicht weiß, daß die Zwillinge noch leben, übergibt ihn an Numitor, seinen Großvater. Der ist tief beeindruckt von der vornehmen Art des jungen Mannes.

Romulus kommt über das Verschwinden seines Bruders nicht hinweg. Da erzählen ihm die Hirten, daß sie nicht seine wirklichen Eltern sind, und führen ihn zu seinem Zwillingsbruder. So findet Numitor seine Enkel wieder, die er so bitter beweint hatte. Zusammen beschließen sie, den Usurpator Amulius vom Thron zu vertreiben. Remus tötet ihn, und Numitor wird König von Alba Longa. Aber die Zwillinge, die von ihrer rauhen, wilden Kindheit geprägt sind, fügen sich schlecht in das Stadtleben ein und sorgen für viel Ärger. Schließlich verlassen sie Alba Longa, um ihre eigene Stadt zu gründen.

Romulus und Remus sind wie die heutigen Jugendlichen aus den Vorstadtsiedlungen, die mit ihren Banden die Innenstädte unsicher machen: Sie werden aus den Zentren verbannt. So finden sie nichts mehr, woran sie ihre Aggressivität auslassen können, und richten sie folglich gegen sich selbst.

Es entwickelt sich ein Streit um die Lage der künftigen Stadt. Romulus wählt aus strategischen Gründen die Hügel, die das Tibertal überragen. Remus ist die Ebene mit dem fruchtbaren Land lieber. Das Los entscheidet schließlich für Romulus. Sofort beginnt er, eine Furche zu ziehen, die die Grenze des künftigen Roms darstellen soll. Aber wo er die Furche gräbt, schüttet Remus sie wieder zu – ein typisches Verhalten von Zwillingspaaren (wenn sie zum Beispiel im Sandkasten spielen, reißt der eine umgehend die Burg ein, die der andere gebaut hat). Romulus erklärt schließlich wutentbrannt, er werde jeden töten, der die Furche überschreitet: eine echte Provokation für Remus, der seinen Bruder mit dem Schwert in der Hand angreift, genau so wie Geschwister sich streiten, wenn es um die Privatsphäre des eigenen Zimmers geht. Im Streit fällt Remus ins Schwert und stirbt. Verzweifelt begräbt Romulus seinen Bruder unter den Mauern Roms.

Die Geschichte ist hier nicht zu Ende, denn dieser Mord ist nur der erste in einer langen Reihe von Brudermorden … Sie führt uns zu der Geschichte vom Raub der Sabinerinnen durch die Römer. Diese stellen sich zwischen ihre Ehemänner und ihre Brüder, um zu verhindern, daß sie sich gegenseitig umbringen. »Wir lieben unsere Männer so, wie wir unsere Brüder lieben«, rechtfertigen sie sich – und verteidigen damit ihre Vergewaltiger und lassen zugleich inzestuöse Beziehungen zu ihren Brüdern durchblicken.

Einige Generationen später rechnen die drei Horatier, Nachkommen des Romulus, mit den drei Curatiern aus Alba Longa ab, und der einzige überlebende Horatier tötet seine Schwester. Sein Nachkomme Tarquinius Superbus, der siebte und letzte König in Rom, übertrifft ihn noch, denn er tötet seinen Bruder, der dieselbe Frau liebt wie er.

In der Mythologie sind alle diese Morde von Brüdern und Schwestern durch das »Schicksal« bestimmt, über das die Götter entscheiden, und erst diese Morde scheinen Roms Größe ermöglicht zu haben; übrigens beinhalten die Gründungsmythen vieler Kulturen grausame Geschichten von brüderlicher Konkurrenz. Aber aus psychologischer Sicht verschmilzt das Schicksal mit dem Unterbewußtsein. Romulus und Remus sind eine Frucht der Gewalt; sie wurden in einem brutalen Umfeld erzogen, und so können sie nicht anders, als selbst zu Mördern zu werden und Generationen zu zeugen, die ebenfalls der familiären Gewalt unterliegen. Glücklicherweise gehört alles das in den Bereich des »Mythos«, in der Realität sind wir unserer Vergangenheit nicht vollständig ausgeliefert.

Die mythische Erzählung ist gleichsam ein Ausdruck unseres verdrängten Wunsches, das Wesen zu zerstören, das uns am teuersten ist. Bei Zwillingspaaren ist dieses Wesen natürlich der Zwilling. Die Mythologie hat einen poetisch-dramatischen Katharsis-Effekt; sie läßt Raum für unsere Phantasie und stellt extreme Situationen dar, um uns vor extremen Gedanken zu schützen. Sie setzt Meilensteine, psychische Limits und Verbote; sie führt den Menschen an die Grenze des Akzeptablen.

Unerträgliche Rivalität

Der Mythos von Romulus und Remus zeigte schon lange, bevor psychologische Zwillingsstudien es bewiesen, daß die Konkurrenz bei dieser besonderen Geschwisterkonstellation ebenso eine Rolle spielt wie bei allen anderen. Dies wird in der Regel nur ungern zur Kenntnis genommen. Aufgrund der äußerlichen Ähnlichkeit von Zwillingen und der Art, wie sie zusammenleben und kommunizieren, neigt man dazu, sie als ideale Geschwister zu sehen. Aber allem Anschein zum Trotz existiert sehr wohl eine echte Konkurrenz zwischen ihnen; sie betrifft ihre Persönlichkeiten und die Beziehungen, die sie zu den Eltern knüpfen.

Wenn man sich zwei Kinder vorstellt, die am selben Tag geboren wurden und sich bis aufs Haar gleichen, denkt man natürlich, daß sie sich bestens verstehen und in größter Harmonie leben. Logisch ... und dennoch völlig falsch. Zwilling zu sein bringt häufig Komplikationen mit sich: Es ist nicht unbedingt bequem, ständig mit einem Doppelgänger zusammenzuleben, und bei der Erziehung von Zwillingen sind die Eltern besonders gefordert.

Für sie beginnen die ersten Schwierigkeiten bei der Schwangerschaft: Wenn man Zwillinge erwartet, erfordert das eine strengere medizinische Überwachung. Termine beim Frauenarzt und Ultraschall-Untersuchungen fallen häufiger an. Ständig ist man um die Entwicklung der Kinder besorgt, nicht nur wegen des erhöhten Risikos einer Frühgeburt, sondern auch weil es relativ oft vorkommt, daß einer der Föten sich besser entwickelt als der andere – oder gar auf Kosten des anderen, denn schließlich teilen sie sich dieselben Nährstoffe in der Blutbahn. So kann auch ein chirurgischer Eingriff notwendig werden.

Zwillinge entstammen also einer Problemschwangerschaft, die den werdenden Eltern viele Sorgen bereitet. Manchmal entwickeln sich daraus verschiedene affektive Bindungen: da ist der »Große« und der »Kleine«, der »Starke« und der »Schwache« – Adjektive, die den Kindern positiv oder negativ anhängen können, je nachdem, welche Bedeutung die Eltern ihnen geben. Das kleinere Kind wird teils als das »anfällige« gesehen, das mehr Aufmerksamkeit braucht, teils aber als das »schlechter gelungene«, auf das die Eltern weniger stolz sind.

Heute erfahren die Eltern dank Ultraschall bereits im ersten Schwangerschaftsmonat, daß sie Zwillinge erwarten, und können sich an den Gedanken gewöhnen. Vor allem weiß die Mutter, daß es eine erhebliche Anstrengung sein wird, diese beiden Kinder zur Welt zu bringen, und kann von vornherein eine Periduralanästhesie verlangen. Das Gefühl, das früher bei der Geburt des »überzähligen Kindes« empfunden wurde – es zieht die Niederkunft noch in die Länge –, gibt es praktisch nicht mehr: Der zweitgeborene Zwilling wird nicht mehr mit Schmerzen und Erschöpfung in Verbindung gebracht, was ihn zum ungeliebten Kind machen konnte.

Ich habe festgestellt, daß die Eltern bei aller Vorkenntnis über Zwillingsgeburten oft meinen, man könne von einem älteren und einem jüngeren Kind sprechen. Dabei ist für die einen das zuerst geborene Kind das ältere; die anderen übernehmen einen alten Volksglauben, nach dem das Erstgeborene als zweites gezeugt wurde und demnach natürlich das jüngere Kind ist. Aber das einzige wissenschaftliche Kriterium, das Zwillinge definieren kann, ist die Frage, ob sie monozygot sind, das heißt, ob sie sich aus derselben Eizelle entwickelt haben, oder dizygot, das heißt aus der Befruchtung zweier verschiedener Eizellen (man spricht üblicherweise von eineiigen oder zweieiigen Zwillingen).

Ähnlichkeiten und Unterschiede

Sofort nach der Geburt von Zwillingen versuchen die Eltern Ähnlichkeiten und Unterschiede festzustellen. Vor allem wenn es sich um eineiige Zwillinge handelt, befürchten sie, sie könnten sie verwechseln – diese Angst beschäftigt auch die Verwandten ein ganzes Leben lang, denn jeder meint, er könne sich täuschen oder durch eine Verwechslung an der Nase herumgeführt werden.

Eineiige Zwillinge ähneln sich wie zwei Doppelgänger,

denn sie haben dasselbe Geschlecht, dieselbe Blutgruppe, dieselbe Augen- und Haarfarbe, denselben Körperbau. Sie haben dasselbe genetische Erbe. Und doch kann man im Äußeren gewisse Unterschiede feststellen, wie etwa beim Teint oder dem Geburtsgewicht, das um 200 bis 300 Gramm variieren kann. Zweieiige Zwillinge sind zwar leichter zu unterscheiden, aber das gilt nicht unbedingt in den ersten Lebenswochen; die physischen Unterschiede kommen erst mit der Zeit stärker zum Tragen. Nur bei zweigeschlechtlichen Zwillingen gibt es natürlich keinerlei Identifikationsproblem.

Wie aber schaffen es Eltern von zwei »identischen« Kindern, sie auseinanderzuhalten? Nun, sie achten auf feine Unterschiede. In den meisten Fällen konzentrieren sie sich auf winzige morphologische Details: eine etwas ausgeprägtere Stupsnase, eine etwas rundere oder flachere Ohrmuschel oder etwa auf ein Muttermal auf einem Körperteil. Und wenn sie keine Unterschiede finden, dann erfinden sie eben welche. So berichtet der Psychiater Boris Cyrulnik von einer Mutter, die ihre eineiigen Zwillinge an ihrer angeblich unterschiedlichen Kopfform erkannte (einem »langen« beziehungsweise »runden« Schädel). Davon ausgehend schloß sie jeweils auf einen anderen Charakter, dem sie auch ihren Erziehungsstil anpaßte.

Um es allgemeiner auszudrücken: Eltern, die keine spezifischen äußeren Unterschiede feststellen, suchen nach Verhaltensunterschieden, um jedem ihrer Zwillinge ein eigenes Temperament zuzuschreiben: Das eine Baby lächelt häufiger als das andere, ist öfter wütend, ißt mit mehr Appetit, schläft ruhiger ein … Alles wird zum Anlaß genommen, um Unterschiede aufzuzeigen, echte oder eingebildete. Wenn die Eltern berichten, Paul sei ein aufgewecktes Kind, während Jacques sich mehr in sich selbst verschließe, Charlotte sei lebensfroh, Juliette dafür ausgeglichener, Pierre sei quengelig, Jules dagegen rundum zufrieden, wirken sich diese Einschätzungen natürlich auf ihre affektiven Beziehungen zu den Kindern aus. Denn diese Typologien haben Unterschiede im Erziehungsstil zur Folge: Die beiden Zwillinge werden nicht auf dieselbe Weise in den Arm genommen, nicht im selben Rhythmus gefüttert, nicht gleich gewaschen, gewickelt oder gewiegt. Alle diese Praktiken verstärken die wirklichen oder von den Eltern erfundenen Charakterzüge und prägen die Kinder, deren Persönlichkeit sich um so unterschiedlicher entwickeln wird, wenn sie noch durch besondere Erziehungsmaßnahmen beeinflußt werden.

Unterschiede zwischen den Kindern sind bei »normalen« Geschwistern, bei denen ein Altersunterschied besteht, selbstverständlich; Zwillingen dagegen werden sie von den Eltern und der nahen Umgebung auferlegt. Eineiige und gleichgeschlechtliche zweieiige Zwillinge haben praktisch nie denselben Charakter. Und so gründen die Interaktionen mit ihren Eltern auf Voraussetzungen, die für jeden spezifisch sind – Distanz oder Nähe, ständiges Einverständnis oder immer wieder neues Entdecken – und zu gegensätzlichen Persönlichkeiten führen.

Wenn die Zwillinge nicht dasselbe Geschlecht haben, entwickeln die Eltern unterschiedliche Erziehungsstile. Zahlreiche Untersuchungen haben gezeigt, daß Mädchen und Jungen nicht auf dieselbe Weise gepflegt, erzogen und liebkost werden. Verschiedene und für jeden spezifische Umweltbedingungen wie Zimmerausstattung, Kleidung oder Spielzeug verstärken das eigene Temperament, so daß die beiden Kinder sich charakterlich genausoweit auseinanderentwickeln wie Geschwister, die ein paar Jahre voneinander getrennt sind.

In Zwillingsfamilien ist die Tatsache, daß die Eltern sich zu einem Kind besonders hingezogen fühlen und es bevorzugen, positiv zu bewerten, weil das den Abgrenzungsprozeß der Zwillinge fördert. (Bei normalen Geschwisterkonstellationen dagegen führt es bei den Eltern zu Schuldgefühlen, denn sie behaupten in der Regel, daß sie ihre Kinder auf dieselbe Weise lieben.) Es ist ideal, wenn einer der Zwillinge der Mutter näher ist und einer dem Vater, und wenn jeder Elternteil sich darum bemüht, seinen Lieblingszwilling nach seinem Bild zu formen. Daß diese Kinder sich jeweils als einzigartige Person wahrnehmen, ist eine unerläßliche Voraussetzung für eine gesunde psychische Entwicklung.

Gleichgeschlechtliche Zwillingspaare, egal ob eineiig oder zweieiig, entwickeln Geschwisterbeziehungen, die sich wie bei normalen Geschwistern zwischen Liebe und Haß bewegen. Es ist nicht leichter, sich die Zuneigung der Eltern oder etwa ein Zimmer und Eigentum zu teilen, weil man im Mutterleib von derselben Plazenta lebte. Lediglich die Rivalitäten, die allein auf dem Altersunterschied beruhen, fallen weg; allerdings stellt sich die Frage, ob der Neid auf den anderen nicht noch verstärkt wird, denn schließlich kann man nicht auf Rechtfertigungen zurückgreifen wie »Er ist immerhin dein großer Bruder«, »Er ist doch kleiner als du«, »Aber sie ist ein Mädchen« oder »Du bist doch schon groß«.

Die Trennung der Unzertrennlichen

Obwohl der Familienfrieden bei normalen Geschwister-konstellationen nur zu erreichen ist, wenn die Geschwister affektive Bindungen zueinander entwickeln, muß ein Zwil-lingspaar, das ein zu enges Verhältnis hat, getrennt werden, wenn seelische Ausgeglichenheit gewährleistet werden soll. Denn die größte Schwierigkeit für Zwillinge ist die Entwicklung zweier individueller Persönlichkeiten. Es ist erwiesen, daß ein Säugling mehrere Monate braucht, bis er begreift, daß er und seine Mutter zwei verschiedene Lebewesen sind. Zahlreiche Informationen aus seiner Um-welt ermöglichen ihm diesen Schritt, insbesondere solche, die er im individuellen Kontakt mit Erwachsenen erhält. So wird das Bild, das jeder von sich selbst aufbaut, ständig mit dem Bild von anderen Menschen kontrastiert.

Für Zwillinge, die in einer natürlichen Zweisamkeit leben, ist der andere dagegen praktisch immer ein Spiegel seiner selbst. Jeder sieht sich mit einem äußerlich ähnli-chen Gegenüber konfrontiert, das noch dazu mit denselben Dingen beschäftigt ist. Der andere ist ein ständiger Beglei-ter, beim Spielen genauso wie bei allen anderen wichtigen Momenten des Alltags, etwa beim Essen oder beim Baden. Das Problem dieser Kinder besteht also nicht wie bei ande-ren Geschwistern darin, das Zusammenleben zu erlernen, sondern darin, sich abzugrenzen, zu begreifen, daß jeder ein eigenes Ich hat. Eine Schwierigkeit ist, daß der Dop-pelgänger häufig zwischen dem Selbst und dem Erwachse-nen steht, denn beide haben exakt dieselben essentiellen Bedürfnisse und dieselben affektiven Erwartungen.

Wie jedes Kind muß ein Zwilling seine Selbständigkeit erringen, um erwachsen zu werden. Aber das Leben als

Paar gibt ihm eine große Sicherheit, es ist bequem und angenehm … Zwillinge neigen dazu, sich eine eigene Welt aufzubauen, die unberührt von äußeren Einflüssen ist. Dieses Defizit an sozialen Beziehungen kommt in Kommunikationsproblemen zum Ausdruck und manifestiert sich häufig in Sprachstörungen. So ist eines der auffälligsten Beispiele für die Komplizenschaft von Zwillingen und für ihren Rückzug in sich selbst, daß viele von ihnen einen eigenen Sprachcode entwickeln, also eine Geheimsprache. Die beiden Kinder kommunizieren miteinander mit Wörtern, die sie selbst aus Lautmalereien, verformten und aneinandergehängten Begriffen bilden. Jedes Zwillingspaar, ob eineiig oder zweieiig, hat seine eigene Geheimsprache, und aus dieser Angewohnheit resultieren natürlich Rückstände bei der sprachlichen Entwicklung, die sie erst im Lauf mehrerer Jahre aufholen können.

Auch das folgende Beispiel zeigt die Schwierigkeiten bei der Abgrenzung: Häufig reagieren Zwillinge erst sehr spät, wenn sie einzeln mit ihrem Namen angesprochen werden. Sie verwechseln sie, sie reagieren, wenn man sie mit beiden Namen zusammen ruft oder gar mit einem gemeinsamen Kosenamen. Normalerweise hört ein Säugling etwa mit sechs Monaten auf seinen Namen, und mit zwei Jahren spricht er ihn selbst aus. Zwillinge dagegen erkennen ihren Vornamen in differenzierter Form erst mit zwei Jahren und sind mit drei Jahren in der Lage, ihn auszusprechen. So ist es nur logisch, daß sie viel länger brauchen, um die Personalpronomen »ich« und »du« korrekt zu verwenden, und daß sie lange das »wir« anstelle des »ich« gebrauchen. Natürlich werden diese Schwierigkeiten noch verstärkt, wenn ihre Umwelt – wie es häufig der Fall ist – sie kollektiv als »die Zwillinge« bezeichnet.

Studien wie die des Zwillingsforschers René Zazzo zeigen, daß Zwillinge erst im Alter von sechs oder sieben Jahren vergleichbare sprachliche Leistungen erreichen wie ihre Altersgenossen, und auch das nur, wenn sie in einem günstigen sozio-ökonomischen Umfeld leben – bei benachteiligten Kindern dauert es noch ein paar Jahre länger. Eltern und Verwandte sollten alles tun, um die sprachlichen Defizite zu verhindern, denn die Sprache spielt auf allen Ebenen der kognitiven Entwicklung eine Rolle. Wörter helfen, selbst wenn sie unausgesprochen bleiben, bei der Wahrnehmung und der Einordnung der Welt, und sie strukturieren das Denken. Zwillinge, die sich bis zu einem gewissen Alter nicht voneinander abgrenzen können, laufen Gefahr, Intelligenzstörungen und schwere psychische Schäden davonzutragen.

Deshalb sollte alles unternommen werden, um diese unzertrennlichen Kinder zu trennen. Ich kann den Eltern nicht zu oft empfehlen, ihnen ganz verschiedene Namen zu geben, die weder mit dem Gleichklang spielen (René/Régis, Odile/Cécile), noch sich komplementär ergänzen. Allzu lange haben die Eltern von Zwillingen mit verschiedenen Geschlechtern dem Jungen die männliche und dem Mädchen die weibliche Form desselben Vornamens gegeben: Julien und Julienne, Claude und Claudine oder Paul und Paula. Am schlimmsten sind wahrscheinlich »spiegelbildliche« Namen wie Jean-Pierre und Pierre-Jean! Außerdem sollte jeder Zwilling seine eigenen Spielsachen haben, was sie nicht daran hindert, sie auszutauschen, aber die Eigenständigkeit bekräftigt. Und natürlich sollte man die beiden auf keinen Fall gleich anziehen. Heute begegnet man zwar noch relativ häufig Zwillingen, die nebeneinander in denselben Pullovern im Kinderwagen sitzen, aber glücklicherweise ist ein solcher Mimetismus bei Jugendlichen immer seltener. Wenn die Ähnlichkeit so übertrieben kultiviert wird, ist das meistens auf die Eltern zurückzuführen, die so stolz auf ihre Zwillinge sind.

Lucas und Aurélien sind dreijährige Zwillinge. Sie kommen zu mir, weil Lucas seit einiger Zeit ein aggressives Verhalten aufweist. Beide Kinder sind in derselben Kindergartengruppe, und so können die Eltern ihre jeweilige Entwicklung gut vergleichen. So hat etwa Aurélien ein hohes Sprachniveau, er zeichnet gut und integriert sich im Kindergarten bestens; Lucas ist ein bißchen langsamer als sein Zwillingsbruder, er spricht nicht so gut und war bereits in logopädischer Behandlung.

Die Eltern erklären mir, daß sich seit einigen Monaten etwas völlig Verblüffendes ereignet: Im Kindergarten schlägt Lucas seinen Bruder grün und blau, während er zu Hause an ihm »klettet« und ständig mit ihm spielen will.

Der eigentliche Auslöser für Lucas' Aggressivität war Auréliens Freundeskreis und vor allem seine kleine Freundin, die er aufgrund seiner Umgänglichkeit im Kindergarten schnell gefunden hatte. Für Lucas ist sie ein Eindringling in ihrer Paarsituation. Seine Defizite lassen darauf schließen, daß er sich noch nicht von seinem dominanten Bruder abgegrenzt hat, weswegen er ihn überallhin verfolgt.

Wenn Lucas dabei unterstützt wird, einen eigenen Freundeskreis und wenn möglich eine besondere Freundin zu finden, wird sich das Gleichgewicht zwischen den Zwillingen wieder einstellen. Wenn die Behandlung Erfolg hat, wird Lucas als Jugendlicher vielleicht mehr Freundinnen haben als Aurélien...

Ich bin überzeugt davon, daß es viel schwieriger ist, Zwillinge zu erziehen, als »normalen« Geschwistern das Zusammenleben beizubringen. Eltern von Zwillingen versuchen, ihr Familienleben so praktisch wie möglich zu organisieren: Natürlich geben sie sie nach Möglichkeit in dieselbe Krippe und denselben Kindergarten, denn damit verringern sich die Wege beim Bringen und Abholen erheblich. Außerdem teilen diese Kinder doch schon zu Hause alles, warum sollte man sie dann draußen trennen? Ich muß die Eltern allerdings darauf hinweisen, daß sie auf diese Weise einen Erziehungsfehler machen. Ich rate ihnen vielmehr, ihre Zwillinge so früh wie möglich in verschiedenen Kindergärten und Schulen unterzubringen.

Zwillinge können nur dann eine psychische Stabilität erlangen, wenn sie ihre Unterschiedlichkeit klar manifestieren. Die Unterschiede sind von sich aus stärker oder schwächer ausgeprägt, sie springen mehr oder weniger ins Auge, aber sie müssen auf jeden Fall hervorgehoben werden. Leider lassen sich die Familie und das erzieherische Umfeld noch allzuoft von der Vorstellung von Nähe beeinflussen, die durch eine Ähnlichkeit suggeriert wird, und legen es darauf an, die Unterschiede herunterzuspielen. Solche »doppelten« Kinder, die ein »spiegelbildliches« Selbstbild haben, bekommen dann größte Schwierigkeiten, ihre eigene Identität bewußt wahrzunehmen.

Besonderheiten fördern

Die Eltern, die zu mir kommen, machen sich in der Regel Sorgen wegen der allzu großen Nähe ihrer Zwillinge. Es ist kaum zu verhindern, daß sie sich bis zum Alter von zehn, zwölf Monaten sehr stark ähneln und sich praktisch identisch entwickeln. Welchen Rat kann ich ihnen also geben, damit es leichter wird, sie zu trennen? Zunächst ist es wichtig, alle Details aufzuspüren, durch die sich ihre Beziehung zur Umwelt unterscheidet: Einer plappert dauernd und macht sprachlich rasche Fortschritte, der andere ist früher dran, wenn es um die Entwicklung der Selbständigkeit geht, und natürlich malt immer einer sein erstes Männchen früher als der andere. Diese Unterschiede sind häufig sehr geringfügig. Zudem tritt bei Zwillingen der Nachahmungseffekt so schnell auf, daß man manchmal den Eindruck hat, beide würden alles gleichzeitig machen.

Seine Zwillinge durch die Phase der Trennung und Individuation zu begleiten, ist für die Eltern eine heikle Aufgabe. Sie müssen darauf achten, daß die Kinder nicht allzu viele gemeinsame Erinnerungen festhalten, damit die Übereinstimmung im psychischen Erleben und in ihrem Denken nicht zusätzlich gefördert wird.

Die Zwillinge sollten Gelegenheit bekommen, eigene Gedanken zu entwickeln. Jeder hat seine Vorstellungen, seine Meinungen, Träume und Pläne. Jedes Ereignis sorgt für eigene Bezugspunkte und Erinnerungen. Emotionen wie Freude, Angst oder Phobien sind dementsprechend unterschiedlich. Was beim einen zu Somatisierung führt, tut das beim anderen nicht. Eine gut funktionierende Familie sollte die Trennung der verschiedenen Vorstellungen und imaginären Projektionen der beiden Kinder fördern.

Denn ihre Phantasie schützt sie vor der »schrecklichen« Realität, daß sie einen Doppelgänger haben.

Ich bin überzeugt, daß eine frühe Sozialisation die schädliche Verschmelzung von Zwillingen durchbrechen kann: So können sie individuelle Freundschaften schließen, werden einzeln zu Feiern bei ihren Freunden eingeladen und können sogar abwechselnd einzeln ihre Großeltern besuchen. Zu keinem Zeitpunkt dürfen die Eltern die Verschmelzung unterstützen, denn sonst drohen die Kinder für immer aneinanderzukleben.

Krankheit oder Behinderung

Eine besondere Situation in der Beziehung zwischen Zwillingen besteht dann, wenn einer von ihnen schwer krank oder behindert ist. In jedem Fall hat der gesunde Zwilling dann Schuldgefühle. Ständig verfolgt ihn die Frage: Warum er und nicht ich? Dieses Gefühl kann durch das Verhalten der Eltern noch verstärkt werden, zum Beispiel wenn sie das gesunde Kind oft auffordern, bei der Pflege seines Bruders beziehungsweise seiner Schwester mitzuhelfen.

Martin und Paulin sind 13jährige Zwillinge. Paulin leidet an Muskelschwund und ist schwer körperbehindert. Martin kommt mit dem kranken Bruder sehr schwer zurecht. Die Krankheit macht ihm zu schaffen, da alle ärztlichen Untersuchungen, die bei ihm vorgenommen wurden, erwiesen haben, daß er nicht davon betroffen ist. Diese »gute« Nachricht bringt ihn dazu, sich zu fragen, ob Paulin auch wirklich sein Bruder und er selbst wirklich der Sohn seiner Eltern ist. Daß er die Krankheit nicht geerbt hat, ruft bei ihm in verstärkter Form die Ängste hervor, die alle Kinder kennen, nämlich nicht das Kind ihrer Eltern zu sein. Außerdem beklagt sich Martin bei mir darüber, daß er gleichsam nur ein Pflegegehilfe, eine psychologische Hilfskraft sei. Er hat keine Lust, den Bruder dauernd »herumzuschleppen«, und vor allem findet er es schrecklich, daß er Paulin nach dem Willen seiner Eltern zur Toilette begleiten soll, was er »einfach eklig« findet.

Martin ist kein undankbarer Bruder. Seine Eltern verstehen nicht, daß er mit dieser Haltung einen Waschzwang zum Ausdruck bringt, der für ein Kind seines Alters ganz normal ist. Sie haben dieser Phase seiner Entwicklung einfach nicht genügend Beachtung geschenkt.

Aber am schlimmsten ist für Martin vielleicht, daß sein Bruder aus seiner Krankheit Vorteile schöpft. So wird Paulin für seine gelegentlichen echten Gemeinheiten von den Eltern nie bestraft, und Martin empfindet das als große Ungerechtigkeit.

Diese Form von Rebellion ist praktisch allen Brüdern und Schwestern von Behinderten gemeinsam. Denn häufig sind Eltern nicht in der Lage, auch dem behinderten Kind gegenüber Autorität zu zeigen, da sie überzeugt sind, daß es einfach keinerlei üble Neigung hegen kann – als ob eine Behinderung Boshaftigkeit und Aggressivität unmöglich machen würde.

Dominanz bei Zwillingen

Laetitia steht am Beginn der Pubertät. Sie hat große schulische Schwierigkeiten und außerordentliche Kommunikationsprobleme. Sie erklärt mir, sie sei immer ängstlich, niemals selbstsicher. Offensichtlich akzeptiert sie ihr Selbstbild nicht. Sie verbirgt ihr Gesicht hinter ihren langen Haaren und ist hinter ihrer Kleidung eher versteckt als damit angezogen.

Laetitia leidet an einer Störung des Selbstwertgefühls. Ihr Problem ist ihre Zwillingsschwester Emilie, die sich in ihrer Haut sehr wohlfühlt, die Laetitia mit Leichtigkeit dominiert und mit der sie in dieselbe Klasse geht. Laetitia ist die labilere Schwester; da sie ihrer Schwester gegenüber ständig in einer untergeordneten Position ist, hat sie das Vertrauen in sich selbst völlig verloren.

Der einfache, fast experimentelle Vorschlag, die beiden mittags in der Schulkantine voneinander zu trennen, wirkt sich regelrecht wie eine »Zwillingsamputation« aus. Durch ihre neue Unabhängigkeit verändert Laetitia sich. Sie mußte zunächst über ihr Abhängigkeitsverhältnis hinwegkommen, um ihren eigenen Weg heiter und erfolgreich fortsetzen zu können. Sie hat so genau verstanden, wie gut ihr dieser eigentlich unbedeutende Bruch tut, daß sie im nächsten Jahr, als der Wechsel auf die Mittelschule ansteht, ihre Eltern bittet, auf eine andere Schule gehen zu können als die Schwester, selbst wenn das die Organisation des Familienlebens etwas komplizierter macht.

Wie die Statistiken belegen, treten Dominanzbeziehungen zwischen Zwillingen häufig auf: Bei 80 Prozent der zweieiigen und bei 75 Prozent der eineiigen Zwillinge ist ein

Kind dem anderen gegenüber dominant. Die Dominanz bildet sich in der frühesten Kindheit heraus und hält entweder ein Leben lang oder aber zumindest bis zur Pubertät an. In seltenen Fällen läßt sich während der Kindheit ein Rollentausch beobachten, wenn das andere Kind mit der Zeit dominanter wird oder wenn die Vorherrschaft sich in verschiedenen Bereichen ausdrückt – der eine ist vielleicht in der Grundschule besser, der andere wacht in der Mittelschule auf; der eine ist gut in Mathe, der andere in Fremdsprachen usw.

Ein- und zweieiige Zwillinge unterliegen denselben Regeln. Bei Jungen beruht die Dominanz häufig auf Körperkraft. Der stärkere, der kräftigere ist auch geistig seinem Bruder voraus. Dieses Phänomen ist bei Mädchenpaaren nicht zu beobachten; die Dominanz beruht bei ihnen auf dem Intellekt und den Schulerfolgen. Bei gemischtgeschlechtlichen Zwillingen schließlich hat noch immer in zwei Dritteln der Fälle das sogenannte »schwache« Geschlecht die Nase vorn, obwohl der Junge in der Regel kräftiger ist als das Mädchen und beide den gleichen IQ haben.

Die Studien von René Zazzo zeigen, daß die Dominanz der Mädchen aufgrund ihrer besonderen Entwicklung entsteht: Sie sind schneller trocken, psychisch weniger labil, weniger anfällig für Krankheiten, erbringen gute schulische Leistungen und zeigen ein besser entwickeltes Sozialverhalten als die Jungen. Zazzo betont besonders den Einfluß des Trockenseins: Wenn das Mädchen früher als sein Bruder die Windeln ablegt, betrachtet es ihn, oft mit dem Einverständnis der Eltern, als Baby, das schnell zu »ihrem« Baby wird, gegenüber dem es Macht ausüben kann.

Der dominante Zwilling ergreift die Initiativen, gibt Anordnungen und hält sich für überlegen. Häufig wirkt er weniger abhängig von der Paarsituation und hängt emotional weniger am anderen Zwilling. Allerdings verläßt der Dominierte als Erwachsener häufig zuerst das Elternhaus, vielleicht auf der Flucht vor der Vormachtstellung seines Zwillingspartners und um eine andersgeartete Paarsituation zu begründen.

Zwillinge leben in einer Partnerschaft, deren innere Regeln die Rolle jedes einzelnen gegenüber dem anderen festlegen. Aber diese Situation hebt die Persönlichkeiten nicht auf; im Gegenteil, sie entwickeln sich in Ergänzung oder im Gegensatz zueinander. So weist jeder seine eigene psychische Entwicklung auf und bildet unterschiedliche soziale Beziehungen heraus. Beide beeinflussen sich allerdings gegenseitig: Der Introvertiertere bremst den Elan des Extrovertierteren, der oft dazu neigt, für beide zu sprechen; der Gewissenhaftere hilft dem Verträumteren, die Füße fester auf den Boden zu bekommen. Alle Studien bei ein- und zweieiigen Zwillingen heben solche Funktionsmuster hervor und zeigen, daß sich trotz gemeinsamen genetischen Erbes, eines gleichen Umfelds und sozio-ökonomischen Milieus keine identischen Persönlichkeiten entwickeln.

Die Trennung erleben

Die Tatsache, zusammen geboren worden zu sein, die gemeinsame Kindheit, die ständige intime Vertrautheit läßt eine starke Bindung entstehen. René Zazzo hat diese anhand zahlreicher Aussagen von erwachsenen Zwillingen untersucht. Er stellte zunächst fest, daß bei beiden Zwillingen ähnliche affektive Muster existieren – obwohl einer immer anhänglicher und liebevoller ist als der andere. Mit anderen Worten: Dieselben Ereignisse rufen bei Zwillingen dieselben Reaktionen und Emotionen hervor. In ihrer eigenen Beziehung reichen diese Emotionen vom einfachen körperlichen Wohlbefinden über ein Gefühl der Zärtlichkeit bis zur Verliebtheit. Zwillinge haben keinerlei Schuldgefühle dabei, gemeinsam zu genießen, aber sie fürchten sich vor Liebesgefühlen. Zärtlichkeit, Leidenschaft, Liebe sind verschiedene Abstufungen ihrer Geschwisterbande. Sie zu lösen, ist nie leicht. Das läßt sich auch statistisch nachweisen: Zwillinge heiraten seltener als andere Menschen.

Wenn jemand von außen in diese Paarsituation eindringt, löst das häufig eine heftige Eifersucht aus. Ohne die Zwillinge direkt gegeneinander aufzubringen, macht sie den Außenstehenden zum Rivalen. Der »verlassene« Partner kann nicht zulassen, daß sein Bruder oder seine Schwester jemandem zugetan ist. Dieses Gefühl ist besonders stark, da zwischen den Zwillingen fast immer eine sinnliche Bindung besteht. Ihre Kindheit und manchmal auch ihre Adoleszenz war von körperlicher Nähe geprägt. Auch wenn sie nicht im selben Bett geschlafen haben – was besonders bei gleichgeschlechtlichen Zwillingen noch relativ häufig ist –, hatten sie ständig Hautkontakt, sie haben nebeneinander geatmet, zusammen gebadet, sich gegenseitig gekabbelt. Natürlich haben sie, wie alle Geschwister, die altersmäßig nicht weit auseinanderliegen, auch gemeinsame erotische Spielereien erlebt. Wenn sie einander zu nahe standen, kann es sogar zu exzessiven sinnlichen (aber nicht sexuellen!) Beziehungen gekommen sein. Offenbar ist es für Zwillinge in der Pubertät schwieriger als für andere, sich zu entscheiden, welches Geschlecht der Partner haben soll, mit dem sie ein erfülltes Sexualleben führen können; insbesondere gleichgeschlechtliche Zwillinge neigen häufiger zur Homosexualität und zum Inzest.

Die Heirat oder eine feste Partnerschaft des Zwillingspartners wird vom anderen fast immer als etwas Schmerzliches erlebt. Den Bruch begleiten Traurigkeit, Schuldgefühle und Depressionen. Der alleinstehende Zwilling tut sich oft schwer, eine verwandte Seele zu finden. Er entscheidet sich manchmal, allein zu bleiben, und lebt im Schatten der Partnerschaft seiner Schwester oder seines Bruders. Manchmal lösen Zwillinge das Problem, indem sie selbst Zwillinge heiraten und so ein »Vierer-Paar« bilden. René Zazzo beschreibt das Extrembeispiel von zwei Zwillingspaaren, die am selben Tag heirateten, zusammen ein Geschäft aufmachten und in einem gemeinsamen Haushalt lebten. Verstärkt durch die Gewohnheit, sich gleich anzuziehen, waren sich die Mitglieder dieser »Paarkonstellation« so ähnlich, daß die Kinder manchmal kaum ihre Eltern von ihrem Onkel beziehungsweise ihrer Tante unterscheiden konnten …

Aber die Trennung kann noch schmerzhafter sein: Alle Zwillinge, die den Tod ihres »Ebenbildes« erlebt haben, berichten, wie schwer es war, diese Prüfung zu verarbeiten. Wie im Fall einer Krankheit des anderen kann der Überlebende Schuldgefühle entwickeln: Warum er, warum sie, und nicht ich? Wenn die Eltern den verstorbenen Zwilling weit über das vernünftige Maß hinaus idealisieren, macht das die Trauer nur noch schlimmer. Die Erinnerung an den Abwesenden ist zu übermächtig, so daß der andere sich nicht normal entfalten kann. Nicht wenige Zwillinge kommen erst über ihre Trauer hinweg, wenn sie selbst einen Partner gefunden haben, mit dem sie ein neues Paar bilden können – vorausgesetzt die Erinnerungen an den Toten sind schon etwas verblaßt.

Mehrlinge

Bei Drillingen und Vierlingen stellt sich die Problematik wieder anders dar. Häufig sind ihre Eltern so sehr von den Schwierigkeiten des Alltags in Anspruch genommen, daß sie bei der Entwicklung ihrer Kinder seltener Pathologien verursachen: Sie haben kaum Zeit, jeden einzeln zu beobachten, schränken also ihre affektiven Bindungen ein – und damit die Grundlage für die Konkurrenz zwischen Geschwistern.

Wie Zwillinge organisieren sich auch sogenannte »höhergradige Mehrlinge« in Paaren. Bei Drillingen bilden zwei von ihnen ein Paar, der Dritte bleibt am Rande und agiert alleine. Bei Vierlingen gibt es zwei Paare, die aber je nach Alter und Interessen ihre Zusammensetzung ändern können. In keinem Fall ist die Rolle des einzelnen festgelegt. Wie Zwillinge müssen auch Mehrlinge so früh wie möglich individuell behandelt werden, um die persönliche Entfaltung jedes einzelnen zu fördern. Aufgrund ihrer Entstehung lassen sich diese Kinder – meist durch eine In-vitro-Fertilisation gezeugt – leichter mit klassischen Geschwistern vergleichen; sie haben auch deren Verwandtschaftsgrad, da sie aus verschiedenen Eizellen hervorgegangen sind. Diese Herkunft scheint es den Eltern leichter zu machen, Unterschiede festzustellen. Und schließlich wird die Gruppe aufgrund des großen Arbeitsaufwands, den Erziehung und Betreuung darstellen, häufig aufgeteilt:

Großeltern, Onkel und Tanten werden mit einbezogen und bieten diesen Kindern die Gelegenheit, unterschiedliche Erfahrungen zu machen und eigene Erinnerungen zu haben.

Drillinge und Vierlinge scheinen sich grundsätzlich voneinander abzugrenzen, so daß jeder seine eigene Persönlichkeit herausbildet. Auf die Zurechtweisungen der Eltern oder auf Angriffe von Mitschülern reagieren sie dafür häufig mit einem deutlichen Schulterschluß: Das geschimpfte Kind wird von seinen Geschwistern getröstet, das angegriffene beschützt. Da sie so viele sind, müssen sie schneller eine größere Selbständigkeit entwickeln, und so organisieren sie selbst ihr Leben am Rande der elterlichen Autorität.

Und doch ist es nicht so einfach, in einer Mehrlingsfamilie zu leben. Einer Studie des französischen Instituts für Gesundheit und medizinische Forschung (Inserm) zufolge bereuen vier von elf Drillingsmüttern vier Jahre nach der Geburt, Mehrlinge bekommen zu haben, obwohl sie über diese Möglichkeit informiert waren, als sie ihre Fruchtbarkeitsbehandlung begannen. Sie bedauern, daß sie nicht genug Zeit hatten, sich um die Kinder zu kümmern, und das Kleinkindalter nicht wirklich genossen haben. Aber paradoxerweise hoffen sie zugleich, daß die Kinder so schnell wie möglich selbständig werden, als könne man das Verlorene nicht nachholen. Manche der Mütter träumen von einem Einzelkind, das ihre Vorstellung von einer echten affektiven Mutter-Kind-Beziehung erfüllen könnte.

Es kommt auch vor, daß Mehrlinge Schwierigkeiten beim Prozeß der Trennung und Individuation haben, in der Entwicklungsstufe also, die es Kindern ermöglicht, sich außerhalb des Blickfelds ihrer Eltern aufzuhalten, ohne sich verlassen zu fühlen. Damit dieser Prozeß stattfinden kann, kommt es in den ersten Wochen nach der Geburt zu einer Identifizierung der Mutter mit dem Säugling: So ist sie in der Lage, allen seinen Bedürfnissen nachzukommen, und gibt ihm das Gefühl, nur für ihn da zu sein. Später erlauben diese Gefühle es dem Kind, sich in seine Mutter hineinzuversetzen, um dann noch später in der Lage zu sein, sich von ihr zu lösen. Müttern von Mehrlingen fällt es offenbar sehr schwer, sich gleichzeitig mit mehreren Kindern zu identifizieren. Zugleich stehen sie unter solchem Zeitdruck, daß sie kaum individuelle Beziehungen zu jedem einzelnen knüpfen können. Sie nehmen ihre Kinder als Gruppe wahr und neigen bei der alltäglichen Pflege dazu, sie alle gleich zu behandeln. Die Mahlzeiten etwa laufen ab wie eine kollektive Massenspeisung; die Kinder sitzen der Mutter gegenüber und bekommen nacheinander einen Löffel voll in den Mund geschoben. Nicht zuletzt leiden manche überforderten Mütter an Frustrationsgefühlen und machen depressive Phasen durch, die nicht ohne Folgen für die psychische Entwicklung der Kinder bleiben.

7   Adoptivgeschwister

Mit einer Adoption werden »künstliche« Geschwister-kreise zusammengestellt, in denen jedes Kind seinen Platz erst finden muß. Das gemeinsame Leben wird dadurch erschwert, daß jeder seine eigene Vergangenheit mitbringt. Das adoptierte Kind hat möglicherweise bereits mehrere Jahre in einer Einrichtung oder in einer extrem von Hunger oder Krieg belasteten Familie verbracht und wurde dadurch stark geprägt. Aber unter welchen Umständen ein Kind auch adoptiert wurde, da es von seiner eigenen Familie verstoßen wurde, drohen ihm in jedem Fall psychische Störungen, deren Ausmaß jeweils variiert. Sich an die neuen Eltern anzupassen, ist eine erhebliche Anstrengung, und ich stimme ganz und gar einigen meiner Kollegen zu, die von einer regelrechten psychologischen »Wiedergeburt« sprechen. Es erscheint ja auch logisch, daß die »Transplantation« eines Adoptivkindes in einen schon bestehenden Geschwisterkreis zuweilen schwierig ist. Zudem schätzen die Geschwister das problematische Kind häufig falsch ein, weil ihnen sein Verhalten unverständlich bleibt. Es kann sogar dazu kommen, daß sie ihm seine fehlende Dankbarkeit zum Vorwurf machen, denn schließlich waren die Eltern so »großzügig«, es aufzunehmen. Das »häßliche Entlein« steckt dann mitten in einem Netz aus Schuldgefühlen, die seine Entwicklung alles andere als fördern.

Der Kampf um die Zuneigung der Eltern

Wie in allen Geschwisterkreisen ist es auch für die Geschwister einer Familie mit Adoptivkindern schwierig, die Zuneigung der Eltern miteinander zu teilen. Wenn neue Geschwister hinzukommen, entwickeln sich Rivalitäten. Sie können besonders heftig sein, wenn das erste Adoptivkind in den Monaten nach seiner Ankunft eine große psychische Anstrengung unternimmt, um sich in sein neues Leben einzufinden. Es bringt Verführungsstrategien zum Einsatz, die es bisher aus Mangel an Gelegenheit noch nie ausprobieren konnte. Im Gegenzug erhält dieses Kind von den Adoptiveltern, die es sich so gewünscht haben, viel Aufmerksamkeit und Zuneigung. In der Tat gehen die Eltern besonders auf die Bedürfnisse der Adoptivkinder ein, da sie es bisher ja so schwer hatten; sie sind immer für sie da, stehen ihnen manchmal sogar zu nahe. Eine weitere Adoption beansprucht dann ebenfalls viel von ihrer Energie. Das ist für das erste Kind nicht einfach hinzunehmen, denn tief in seinem Inneren befürchtet es, wieder verlassen zu werden.

Konkurrenzgefühle, die in der Regel auf das Kleinkindalter beschränkt bleiben, können länger anhalten, wenn die Eltern die Kinder weiterhin wie Babys behandeln und ihren Erziehungsstil, der im Adoptionsalter angemessen war, nicht verändern. Ich habe oft das Gefühl, daß sie die Entwicklung des Kindes nicht wahrnehmen wollen, daß sie enttäuscht darüber sind, daß sie weniger Freude an ihm haben, als sie gedacht hatten. Diesen Eltern möchte ich sagen, daß man viel mehr durch Reibereien zu echten Eltern wird als durch das, was problemlos läuft – ein Prinzip, das für Adoptiveltern genauso gilt wie für leibliche.

Ein Kind zu adoptieren ist keine leichte Aufgabe, und wenn man mehrere adoptiert, vermehrt das natürlich auch die Schwierigkeiten. Zum Glück werden die meisten Adoptiveltern damit fertig – dank ihres außerordentlichen Gemeinschaftssinns und ihrer erstaunlichen Bereitschaft, sich für andere aufzuopfern.

Die Adoleszenz

Eine Adoption im Jugendalter ist für Kinder wie für Eltern besonders schwierig. Wie bei Scheidungsfamilien entstehen echte Geschwisterbande nur, wenn sie von klein an aufgebaut werden können und der Altersunterschied zwischen den Geschwistern nicht zu groß ist. Erst die gemeinsame Familiengeschichte verbindet die Kinder, die alle ihr eigenes Temperament haben. Bei Adoptivfamilien, in denen die Geschwisterbande sich stabil entwickelt haben, beobachtet man nicht selten ein Schutzverhalten der Geschwister, wenn einer von ihnen Probleme hat. Wenn es dabei um Straffälligkeiten geht, nehmen die Eltern oft eine defensive Haltung ein, die zweischneidig erscheinen kann: Sie weigern sich, das Verhalten des Kindes offen zu kritisieren.

Die Kleptomanie ist bei Adoptivkindern relativ häufig. Oft handelt es sich um ein Regressionsverhalten. Diebstahl provoziert die Eltern, die zeigen sollen, wie groß und bedingungslos ihre Liebe ist und daß sie in der Lage sind, dem Kind genausoviel Zuneigung entgegenzubringen, auch wenn es etwas Verwerfliches getan hat.

Obwohl die rechtliche Adoption fast immer im Kleinkindalter stattfindet, entwickeln sich die Bande einer echten Verwandtschaft – die affektive Adoption – erst im Laufe der Jahre. Die Eltern denken immer, ihre Liebe und ihre Erziehungsgrundsätze würden die erblichen, biologischen Anlagen des Adoptivkinds auslöschen. Aber die wirkliche Adoption findet im Grunde erst in der Adoleszenz statt. Der Jugendliche kann alles oder fast alles ausprobieren, um die Widerstandskraft seiner Eltern auszutesten: Werden sie ihn verstoßen, oder lieben sie ihn genug, um ihn zu ertragen, auch wenn er unerträglich ist? Adoptiveltern erleben bei ihren pubertierenden Kindern mehr Rebellion, müssen mehr Konflikte austragen und werden in ihrer Autorität stärker hinterfragt als andere Eltern.

Die meiste Angst haben Adoptiveltern davor, daß beim Kind das Angeborene über das Erworbene siegen könnte, daß die erblichen Anlagen, die sie immer negativ bewerten, also wieder an die Oberfläche kommen könnten. Solche Befürchtungen müssen so schnell wie möglich ausgeräumt werden. Zum einen sind sie unbegründet, und zum anderen könnte der Jugendliche womöglich meinen, die Eltern machten für seine Störungen seine Herkunft verantwortlich. In einem solchen Fall ist es bereits zu einem Bruch gekommen: Wie soll er Leuten vertrauen, die letztlich daran zweifeln, daß er sich überhaupt anpassen kann?

In der Adoleszenz beginnt der Jugendliche, an seinen Eltern echte oder erfundene Fehler zu entdecken. Adoptivkinder erleben diese Phase, in dem das idealisierte Elternbild zusammenbricht, natürlich auf eine besondere Weise. Das ist ganz natürlich, da es sich nicht um die biologischen

Eltern handelt. Für diese Jugendlichen geht es darum, Ersatz-Elternbilder aufzugeben, eben die der Adoptiveltern, und das in dem Bewußtsein, daß sie selbst verlassen worden sind. Zudem haben adoptierte Jugendliche ohnehin Schwierigkeiten, die Schwächen der Eltern überhaupt wahrzunehmen, so sehr haben sie sie immer idealisiert – schließlich verdanken sie ihnen ihr ganzes Glück.

Kindern die Wahrheit sagen

Wenn eine Adoption gelingen und adoptierte und leibliche Geschwister später zusammenleben sollen, ist es unerläßlich, allen auf möglichst natürliche Weise die Wahrheit zu sagen. Auf keinen Fall darf es Geheimnisse geben. Mit zunehmendem Alter treten bei allen Betroffenen Fragen über ihre Herkunft auf. Klare und deutliche Antworten geben dem Adoptivkind das Gefühl in der Familie ganz und gar integriert zu sein, und das leibliche Kind wird es als echten Bruder oder echte Schwester ansehen. Beide müssen begreifen, daß das Adoptivkind von seiner Familie nicht verstoßen wurde, sondern daß es geliebt war und nur aufgrund materieller Umstände einer anderen Familie anvertraut wurde.

Damit diese Botschaft wirklich ankommt, sollte man mit der Aufklärung warten, bis die Kinder eine gute Sprachfähigkeit entwickelt haben. So ist etwa die ödipale Phase um die drei oder vier Jahre gut für solche Gespräche geeignet, denn die Kinder stellen hier ohnehin zahllose Fragen über ihre Herkunft. Und in diesem Alter wirkt sich die Lüge besonders verheerend aus. In der Adoleszenz ergeben sich andere Fragen: Das Adoptivkind will die Umstände erfahren, unter denen es verlassen wurde, will wissen, woher seine Eltern stammen, ob sie noch leben und ob es leibliche Geschwister gibt – Informationen, die in seiner Akte beim Jugendamt zu finden sind. In der Regel teilt das Kind diese Dinge seinen Adoptivgeschwistern mit. Das ist auch unerläßlich dafür, daß die affektive Bindung zwischen ihnen erhalten bleibt: Nur wer sich von Grund auf kennt, kann sich wirklich schätzen.

Der Kontakt zu den »leiblichen Geschwistern«

Mehrere Kinder auf einmal zu adoptieren, verlangt von der Familie einen enormen Einsatz – man kann ihn praktisch mit der Anzahl der Kinder multiplizieren, denn es werden lauter Einzelpersonen adoptiert, die alle ihre eigenen Bedürfnisse haben. Die Phase des gegenseitigen Kennenlernens erstreckt sich über Monate nach der Ankunft der Kinder im neuen Zuhause. Jeder muß nun seinen eigenen Platz finden und individuelle Beziehungen zu den Adoptiveltern aufbauen. Die Kinder fordern viel Zuneigung und können diese schwer teilen. Meistens durchlaufen sie während des Integrationsprozesses eine regressive Phase, die je nach Alter und Persönlichkeit unterschiedlich zum Ausdruck kommt. Die Eltern müssen stark sein, vieles annehmen und die Kinder begleiten. Eine schwere Arbeit, bei der sie oft Unterstützung benötigen.

Zum Zeitpunkt der Adoption kennt die Familie in der Regel die familiäre Situation des Kindes, das ihr anvertraut wird. Aus der Akte über den Adoptionsvorgang weiß sie, ob es Geschwister gibt, wie groß der Altersunterschied zwischen ihnen ist und ob sie ein Stück Weg gemeinsam zurückgelegt haben oder nicht. Aber bei einer Adoption wird die leibliche Familie vollständig durch die Adoptivfamilie ersetzt: Alle Bindungen zu den Mitgliedern der ursprünglichen Familie werden aufgehoben. Die Entscheidung, ob das Adoptivkind in Kontakt mit seinen Geschwistern bleiben soll, liegt also allein bei den Adoptiveltern – eine heikle Frage, denn dies kann das Kind in eine Konkurrenzsituation bringen –, zwischen seinen leiblichen und seinen Adoptiveltern sowie zwischen seinen alten und seinen neuen Geschwistern.

Stets stellt sich dabei die Frage, ob das Kind unter dem Bruch mit seinen Geschwistern leidet. Sie ist nicht einfach zu beantworten. Die Erfahrung zeigt, daß das Kind sich so schnell wie möglich in die neue Familiensituation einfügen will. Oft ist es ganz erstaunlich, wie schnell es sich integriert. Es hat dann den Anschein, als hätte das Kind schon immer in diesem Umfeld gelebt. Wenn es in der Familie schon Kinder gibt, kann das so weit führen, daß diese befürchten, zu wenig Zuneigung von den Eltern zu bekommen. Dabei sind die Kleinsten am labilsten, die Größeren sind bei der Integration in der Regel aktiv engagiert.

In der Praxis wollen Adoptivkinder, solange sie klein sind, nie wissen, ob sie leibliche Brüder oder Schwestern haben. Die psychische Arbeit, die sie leisten müssen, um sich in der neuen Familie zu integrieren, fordert ihnen so viel Energie ab, daß sie sich darum nicht auch noch kümmern. Selbst wenn sie ihre Geschwister vor der Adoption kannten, fragen sie nicht nach ihnen. Manchmal leiden ihre großen Geschwister, die sich ihrerseits sehr wohl erinnern, unter dieser Gleichgültigkeit. Im Jugendalter dagegen ist ein Kind, das seine Herkunft erkundet, oft glücklich, wenn es Geschwister wiederfindet. Sogar wenn das

Leben sie jahrelang getrennt hat, gehen sie untereinander gerne neue Beziehungen ein, die man aber nicht wirklich als »Geschwisterbeziehungen« bezeichnen kann: Sie haben unterschiedliche Erinnerungen und Lebensgewohnheiten, und so ist ihre Bindung eher symbolisch als real. Die Zeit hat getrennt, was die gemeinsame Herkunft verbunden hatte.

8 Krankheit oder Behinderung eines Geschwisters

Wenn ein Bruder oder eine Schwester behindert ist, beeinflußt das die Geschwisterbeziehungen grundlegend. Konkurrenz und Eifersucht werden dann auf einem ganz anderen Niveau ausgetragen. Das behinderte oder kranke Kind wird von den Eltern oft idealisiert, insbesondere von der Mutter, die sich aus narzißtischen Gründen herausgefordert sieht: Sie erhält die Gelegenheit, sich als perfekte, liebevolle und umsorgende Mutter zu erweisen. Denn irgendwo im Kopf jeder Mutter befindet sich auch der verborgene Traum, Krankenschwester zu sein.

Je nach dem Geburtenrang des behinderten oder kranken Kindes, der Art und Schwere der Behinderung und dem Alter der anderen Geschwister variiert die familiäre Situation erheblich. Alle diese Faktoren beeinflussen die Vorstellungen, die die gesunden Kinder sich von den Problemen ihres Geschwisters machen, und wirken sich darauf aus, wie letzteres in die Familie integriert wird.

Wie reagieren die gesunden Kinder?

Eltern streiten die Krankheit des Kindes häufig ab. Manchmal ist das durch fehlende ärztliche Informationen zu erklären, aber häufiger ist es eine Schutzreaktion gegen Trauer und Depression angesichts einer Situation, in der man sich machtlos fühlt. Das Schweigen stößt bei den anderen Kindern fast immer auf Unverständnis. Sie sehen doch, daß ihr Geschwister regelmäßig zum Arzt oder ins Krankenhaus muß, daß es speziell behandelt wird, daß ihre Eltern es mit Hingabe pflegen, aber sie wissen weder, warum es eigentlich so ist, noch, wie lange das noch so weitergehen wird. Dieses Unwissen führt zwangsläufig zu Angst und Eifersucht, dazu können noch Todesphantasien sowie Schuldgefühle kommen – zum Beispiel das Schuldgefühl, daß es einem selbst gut geht, oder daß man böse Gedanken hegt, manchmal auch beides auf einmal. Das Geheimnis über eine Krankheit oder eine Behinderung gehört zu den Familiengeheimnissen, und ich denke, es ist wichtig, daß alle eingeweiht sind.

Eine schwere Krankheit verlangt den Eltern immer vollen Einsatz ab, und die Krankenpflege ebenso wie die Zuneigung, die das kranke Kind erhält, geht meistens auf Kosten der anderen Kinder, die sich vernachlässigt fühlen können. Manchmal kommt dieses Leid durch Traurigkeit oder Aggressivität zum Ausdruck, und immer spielt eine depressive Färbung mit hinein.

Häufig bedeutet die Krankheit für die Familie, daß finanziell Prioritäten gesetzt werden müssen: Der kleine Bruder muß hinnehmen, daß er nicht in die Skiferien kann, weil der körperbehinderte Bruder zur Thalassotherapie muß, oder der ältere muß auf seinen eigenen Computer verzichten, weil die kleine Schwester in diesem Jahr einen neuen Rollstuhl braucht. Und oft erwarten die Eltern von den gesunden Kindern, so schnell wie möglich selbständig zu werden, damit sie dem kranken Kind mehr Zeit widmen können. So muß ein Kind lernen, ohne seine Mutter mit den Hausaufgaben fertigzuwerden, damit sie das Geschwister zur Krankengymnastik bringen kann, oder es muß schon mit sieben Jahren allein von der Schule nach Hause gehen, weil man das Geschwister nicht unbeaufsichtigt lassen kann. Alle diese Zwänge fördern die Vorstellung, die Eltern hätten einen Liebling, auf den die anderen natürlich eifersüchtig sind. Durch die Haltung der Eltern werden solche Gefühle oft verstärkt, denn sie neigen zur Idealisierung des kranken Kindes: Es ist am anhänglichsten, am intelligentesten, am freundlichsten, und es ist, als würde die Krankheit oder die Behinderung alle Fehler und Schwächen ausmerzen. Manche gesunden Kinder beneiden ihren Bruder oder ihre Schwester sogar um ihr Schicksal.

Die Rivalität variiert sehr stark – je nachdem, an welcher Krankheit das Geschwister leidet. Kinder unterteilen Krankheiten in zwei Kategorien: die »sympathischen« und die »unsympathischen«. Wenn ein Kind etwa an einem Abszeß oder an Osteochondritis leidet – einer Knochen-Knorpel-Erkrankung mit eitrigen Entzündungen – oder wenn ein Körperglied amputiert wurde, führt das kaum zu Konkurrenz. Bei der Konfrontation mit einem leukämiekranken Kind dagegen, das die Eltern hochgradig idealisieren und das bei seinen Krankenhausaufenthalten Besuch von Clowns oder Musikanten bekommt, kann das gesunde Kind sich durchaus wünschen, auch so eine Krankheit zu haben, damit es ebenso umsorgt wird.

Es verschlägt einem immer die Sprache, wenn ein älteres oder jüngeres Geschwister eines Krebskindes erklärt, es wolle auch Krebs haben, aber »nur wenn er wieder heilt«. Das Pronomen »er« ist dabei doppeldeutig, denn es kann sich sowohl auf den Krebs als auch auf den Kranken beziehen: Das Kind wünscht sich dieselbe Krankheit, will aber nicht daran sterben, und genauso hofft es, daß sein Geschwister wieder gesund wird. Die Eltern wollen diese Gefühle meistens nicht wahrhaben. Sie möchten am liebsten, daß ihre gesunden Kinder zu »kleinen Eltern« eines Behinderten werden und für all ihre Probleme Verständnis haben. Sie möchten ihre Sorgen mit ihnen teilen und fordern, daß der Gesunde stillschweigend einen charakterlich instabilen Bruder hinnimmt oder mit einer Schwester spielt, die sich wie ein Baby verhält. Das beschriebene Verhalten des gesunden Kindes interpretieren sie als »Gegenübertragung«, als Weigerung, sich ihrem Modell anzupassen.

Aber es kommt ebenfalls vor, daß die Geschwister ihren behinderten oder kranken Brüdern oder Schwestern hingebungsvoll beistehen, und nicht selten machen ältere Geschwister etwas aus dem Unglück, mit dem ihre Familien geschlagen sind. So zeigt eine Studie über die Motivationen von Studenten der Ergotherapie und Logopädie an der Universität von Marseille, wie wichtig die persönlichen Erfahrungen für diese Berufswahl sind. Viele der Studenten hatten ein behindertes Geschwister.

Erbkrankheiten

Erbliche Krankheiten stellen Geschwister vor andere Fragen. Das ist etwa bei Muskelschwund der Fall. Wenn sie bei einem neun- oder zehnjährigen großen Geschwister auftritt, macht sich der Jüngere natürlich Sorgen: »Passiert mir das später auch? Bin ich Träger derselben Krankheit? Und wenn nicht, bin ich dann wirklich ein Kind meiner Eltern? Ist dieser kranke Bruder überhaupt mein Bruder?«

Aber Erbkrankheiten können das Zusammengehörigkeitsgefühl in einer Familie auch verstärken. Wenn etwa ein Familienmitglied an Diabetes leidet, müssen auch alle anderen daraufhin getestet werden. Wenn die Krankheit bei einem der Kinder stärker ausgebildet ist, wird sein Zusammengehörigkeitsgefühl mit diesem »übertragenden« Elternteil und wahrscheinlich auch die affektive Bindung zu ihm dadurch verstärkt.

Auch unter den Geschwistern können durch eine gemeinsame Störung Bündnisse entstehen. Sind in einer Familie zwei von drei Kindern von derselben genetisch bedingten Krankheit betroffen, entwickeln sie eine gewisse Komplizenschaft, wenn sie dieselben Untersuchungen und Behandlungen durchmachen; das dritte Kind wird dagegen etwas ausgeschlossen. Es kann sogar passieren, daß es nicht als wirkliches Familienmitglied anerkannt wird. In diesem Fall entwickeln sich gegenseitige Konkurrenzgefühle: Das gesunde Kind ist eifersüchtig auf die Krankheit der beiden anderen und auf die Vorteile, die sie daraus ziehen, während die beiden Kranken gemeinsam eifersüchtig auf die Gesundheit des dritten sind.

Alle erblichen Krankheiten bringen Familien aus dem Gleichgewicht, weil sie über Generationen immer wieder auftreten können. In manchen Fällen genügt es, wenn ein einziges Gen betroffen ist, damit die Krankheit ausbricht, in anderen müssen dafür zwei bestimmte Gene aufeinandertreffen. In jedem Fall scheint es mir undenkbar, die Persönlichkeitsstörungen eines erbkranken oder von einer anderen schweren Krankheit betroffenen Kindes zu behandeln, ohne dabei in Betracht zu ziehen, inwieweit diese Situation sich auch auf die gesunden Geschwister auswirkt.

Organspenden unter Geschwistern

Bei Organspenden unter Geschwistern kommt es beim Spender häufig zu Schuldgefühlen, wenn seine Spende nicht erfolgreich war. Er macht sich Vorwürfe, daß er nicht die nötige medizinische Leistung erbracht hat, daß er seinen Bruder oder seine Schwester nicht genügend geliebt hat, um sie zu retten.

Knochenmark oder eine Niere zu spenden ist etwas ganz anderes als eine Blutspende. Welche Entscheidungsfreiheit lassen die Eltern dem Spender? Es ist nie eine leichte Entscheidung, einen Teil seines Körpers herzugeben, sei es nun für einen Fremden oder für eine Schwester oder einen Bruder. Viele Eltern ziehen das viel zu wenig in Betracht, so sehr sind sie davon überzeugt, daß der Körper ihres Kindes, der ja von ihrem eigenen Fleische stammt, ihnen noch immer gehört. Der Spender kann das Gefühl haben, zum Objekt degradiert zu werden, über das die Eltern verfügen wollen, oder ihnen seinen Körper schuldig zu sein, um einem kranken und oft idealisierten Kind zu helfen. Wird ihm diese Spendenbereitschaft nicht in Wirklichkeit aufgezwungen?

Jeder Spender muß sein völliges Einverständnis geben, aber in der Praxis ist unter Geschwistern eine Weigerung fast unmöglich. Wie würde es ankommen, wenn ein Bruder oder eine Schwester einem nierenkranken Geschwister eine Nierenspende verweigern würde, wo die Natur ihnen dieses Organ doch in doppelter Ausführung »geschenkt« hat? Viele Spender erwägen natürlich, nein zu sagen, aber sie wissen ganz genau, daß sie mit der Verweigerung dieses Opfers ihre Familie zerstören würden. Für die Eltern dagegen ist die Überlegung ganz einfach: »Ich habe dich geschaffen, ich habe deinen Körper gemacht, also gehört er ein Stück weit mir. Wie könntest du dich weigern, deinen Bruder oder deine Schwester zu retten, indem du ihnen ein Stück dieses Körpers gibst, wo wir doch zur selben Familie gehören und uns alle lieben?«

Die Probleme treten im Moment der Entscheidung auf. Sie werden natürlich abgemildert, wenn das Transplantat angenommen wird, aber sie vervielfachen sich im Fall eines Scheiterns. Egal wie alt der Spender ist, er wird unweigerlich davon überzeugt sein, daß sein inneres Zögern die Ursache für den Tod des Bruders oder der Schwester ist. Das hieße kurz gesagt, daß er ihn oder sie getötet hätte! Der Mißerfolg einer Organspende unter Geschwistern ist immer besonders schmerzvoll und erfordert eine psychologische Betreuung des Spenders, da dieser unter schlimmen Schuldgefühlen leiden kann. Wenn die Transplantation dagegen gelingt, will der Spender als edles Wesen oder geradezu als Held gesehen werden, denn seine Selbstlosigkeit und seine körperliche Kraft haben den Bruder oder die Schwester schließlich gerettet.

Organspenden unter Geschwistern haben noch eine weitere problematische Facette: Wie können die Geschwister eines in einem Unfall umgekommenen Jugendlichen reagieren, wenn die Eltern die Entnahme von Organen erlauben? Es ist ganz erstaunlich, daß sie erwiesenermaßen Angst haben, demjenigen zu begegnen, der ein Stück ihres verstorbenen Bruders erhalten hat, den sie sich nicht in Einzelteile zerschnitten vorstellen können. Solche Phantasien sind noch verwirrender, wenn sie sich nicht gut mit ihm verstanden haben. Dann ist nachvollziehbar, warum es für das seelische Gleichgewicht der Beteiligten und der Gesellschaft im allgemeinen wichtig ist, daß bei der Organspende die Anonymität des Spenders gewahrt bleibt, denn sonst könnte der Empfänger sich vorstellen, er wäre so etwas wie eine Art Bruder oder Schwester des Spenders und seiner Geschwister – und solche Beziehungen wären psychisch nicht zu ertragen.

Der Tod des kranken Kindes

Wenn ein Kind stirbt, ist das immer eine Tragödie. Die Eltern müssen das Unannehmbare annehmen, und in der Regel werden sie sehr schlecht damit fertig, daß die Generationenordnung des Lebens so durcheinandergebracht wird. Der Tod eines Kindes ist immer ungerecht, selbst wenn er auf eine lange Krankheit folgt; die Emotionen sind dann sehr heftig und lassen sich nur schwer kontrollieren. Die Eltern verschließen sich in ihrer Trauer und vernachlässigen die anderen Kinder oder stecken sie mit ihrer Traurigkeit an. Die Idealisierung des verstorbenen Kindes vermittelt den Geschwistern das Gefühl, sie könnten ihm niemals gleichkommen, weder in bezug auf die intellektuellen Leistungen noch im Herzen der Eltern.

Wie jeder Todesfall bringt auch der eines kranken Kindes eine Neuordnung der Familie mit sich und verändert die Stellung, die jeder innerhalb des Geschwisterkreises einnimmt. Wenn ein älteres Geschwister stirbt, rückt ein Mittelkind um einen Platz nach oben, ein jüngeres Geschwister wird zum Einzelkind. Im Idealfall sollte trotzdem jeder seinen Geburtsrang bewahren, damit der Verstorbene einen symbolischen Platz in der Familie beibehält.

Obwohl man den Tod oft vorhersehen kann – etwa wegen einer schweren Krankheit –, gibt es kaum Kinder, die in der Lage sind, sich schon im Vorfeld mit dieser Vorstellung vertraut zu machen. Die Todesvorstellung eines Kindes ist das Ergebnis einer langen Entwicklung. Vor dem Alter von fünf oder sechs Jahren meint es, man könne den Tod rückgängig machen und der Tote werde eines Tages wiederkommen. Das ist aber keine Rechtfertigung dafür, ihm den Tod eines nahestehenden Menschen zu verheimlichen: Ein kleines Kind muß davon »wissen«, muß mit Hilfe von einfachen Worten begreifen, muß Fragen stellen und Antworten bekommen können. Das ist häufig die einfachste Methode, um ihm die harte Wirklichkeit zu erklären. Ein Kleinkind, das einen Bruder oder eine Schwester verliert, verliert einen Spielkameraden oder sogar ein Vorbild, wenn es selbst das jüngere Geschwister ist; wenn es das ältere ist, trauert es um einen Komplizen, eine Vertrauensperson. Wenn es die gemeinsamen Erinnerungen sublimiert, wird es mit der Zeit über seinen Kummer hinwegkommen.

Egal unter welchen Umständen ein Kind stirbt, seine Geschwister reagieren fast immer mit Schuldgefühlen darauf. Wer kann sich auch rühmen, er wäre nie eifersüchtig gewesen, er hätte seinem älteren oder jüngeren Geschwister nie den Tod gewünscht? Dieser Wunsch wird oft verdrängt, tief im Innersten versteckt, aber manchmal wird er auch offen in Rachewünschen ausgesprochen. Wie soll man mit solchen Gewissensbissen weiterleben? Wie sollte man denn nicht an die Zauberkräfte seiner Gedanken glauben?

Ein nicht geringer Anteil meiner Klienten sind ältere Geschwister, deren Bruder oder Schwester an plötzlichem Kindstod gestorben ist. Die psychotherapeutische Behandlung solcher Kinder ist faszinierend. Es geht dabei darum, ihnen von Angesicht zu Angesicht, aber in Abwesenheit der Eltern, zu sagen, daß sie ihrem Geschwister den Tod gewünscht haben und daß solche Gedanken völlig normal sind. So etwas lassen sie sich in einem Einzelgespräch durchaus sagen. Und in der Tat kann nur ein Psychiater sie mit solchen Wahrheiten konfrontieren; die Eltern stekken viel zu tief in ihrer Trauer, um solche »schrecklichen« Dinge zu formulieren. Das Kind fühlt sich besser, sobald es begreift, daß die Ursache für sein Unglück seine Schuldgefühle sind, und nicht etwa seine Schuld.

In der Regel kommen diese großen Geschwister zu mir in die Praxis, wenn das Ereignis bereits zwei oder drei Jahre zurückliegt und die Eltern gerade ein weiteres Kind bekommen haben. Natürlich läßt dieses neue kleine Geschwister, wie schon das vorige, im älteren Todeswünsche aufsteigen, und es kann die Vorstellung nicht ertragen, daß seine Gedanken wieder töten könnten. Erst zu diesem Zeitpunkt weist es sichtbare psychische Störungen auf. Für diese Kinder wäre es hilfreich gewesen, wenn sie gleich zum Zeitpunkt des Dramas psychologisch betreut worden wären.

Unter bestimmten Umständen helfen die gesunden Kinder den Eltern bei der Bewältigung ihrer Probleme. Aber manchmal setzt die Eifersucht sich fest und nimmt psychopathologische Formen an. Sie sorgt dann innerhalb der Familie für unheilbare Wunden, die häufig von Generation zu Generation weitergegeben werden. Die Wartezimmer der Psychiater sind voller gesunder Geschwister, die sich dieselben Fragen stellen wie ihre Eltern und genauso leiden wie sie. Es ist für einen Kinderpsychiater ebenso wichtig wie faszinierend, diese Kinder mit ihren Problemen zu therapeutischen Verbündeten zu machen.

9 Scheidungskinder

Heute scheitern zirka 40 Prozent aller Ehen und enden mit der Scheidung. In Frankreich leben eine Million Kinder getrennt von einem ihrer Eltern. Diese Statistiken führen allerdings nur die Kinder aus Ehen auf, die rechtskräftig geschieden wurden. Man müßte also noch die Kinder aus unehelichen Partnerschaften hinzufügen, deren Trennung gar nicht wahrgenommen wird, wenn sie nicht besondere Probleme aufwirft wie die Frage nach dem Sorgerecht oder der Aufteilung des Besitzes.

Scheidungen werden immer häufiger, vor allem in den ersten vier Ehejahren, wenn das Paar gerade eine Familie gegründet hat. Aber die Scheidung betrifft auch ältere Paare, deren Kinder gerade am Anfang der Pubertät stehen. Übrigens lassen sich seit einigen Jahren auch Großeltern scheiden, so daß den Kindern ein wichtiger familiärer Bezugspunkt verlorengeht.

Die Trennung der Eltern führt beinahe zwangsläufig zu Schwierigkeiten für die Kinder. Auch wenn die Scheidung länger vorbereitet und gut organisiert ist, wenn die Kinder nicht in den Konflikt mit hineingezogen werden, sie leiden immer darunter, egal wie alt sie sind. Die Eltern wissen das: Immer häufiger kommen sie zu mir, sobald der Entschluß zur Trennung gefällt ist, und möchten vorbeugend eine psychologische Betreuung ihrer Kinder in Gang bringen, damit die Scheidung bei ihnen keine Probleme hervorruft.

In der Tat werden die Gefühle der Kinder durch eine Trennung grundlegend durcheinandergewirbelt, denn sie müssen lernen, mit Mama und ohne Papa zu leben oder umgekehrt. Selbst wenn sie Geschwister haben, macht das die Sache nicht leichter, schließlich hat jeder mit seinen eigenen Schwierigkeiten zu kämpfen. Die Kommunikation unter den Geschwistern wird dadurch erschwert, daß sie dazu neigen, sich abzuschotten, sich in sich selbst zurückzuziehen – das gilt besonders für die Kleinsten – und sich zu fragen, ob sie nicht selbst der Anlaß für die Meinungsverschiedenheiten der Eltern sind. Manche Kinder bringen ihre Verstörung durch eine große Instabilität zum Ausdruck, die das Verhältnis zu den Geschwistern natürlich belastet.

Wenn die Kinder gemeinsam auf die Trennung der Eltern zu sprechen kommen, dann sind es immer die jüngeren Geschwister, die die älteren danach fragen, ob es wohl früher oder später zu einer Scheidung kommen und was das für praktische Auswirkungen haben wird. Aber solche Fragen bleiben begrenzt und ermöglichen es gerade einmal, seine Befürchtungen zu äußern. Erst ab einem Alter von sieben oder acht Jahren können Kinder die Gründe für die Trennung begreifen, allerdings lassen sie diese auch weiterhin nicht gelten.

Die Trennung der Eltern führt bei den Geschwistern zu unterschiedlichen Problemen. Jedes Kind erlebt diese Umwälzung anders. Viele Faktoren spielen eine Rolle: natürlich das Alter, das Temperament, der Geburtenrang und die persönliche Geschichte innerhalb der Familie.

Die Trennung eines Paares kommt nie von heute auf morgen. Sie ist das Ergebnis einer mehr oder weniger langen Konfliktperiode oder folgt auf eine längere Abwesenheit des einen oder des anderen, die von den Kindern oft als plötzlich und unbegreiflich empfunden wird. Das angespannte Klima ruft unter den Geschwistern fast immer ein Gefühl der Unsicherheit hervor: Sie merken, daß sich die Beziehung ihrer Eltern verschlechtert und spüren, daß sich irgend etwas ändert, aber sie sind nicht in der Lage vorherzusehen, welche Folgen sich daraus ergeben werden. Obwohl viele von ihnen das Wort »Scheidung« schon von Klassenkameraden kennen, wissen sie nicht, welche emotionalen Belastungen damit einhergehen.

Als Reaktion auf die Streitereien der Eltern verstärken sich zunächst häufig die affektiven Bindungen zwischen den Geschwistern, so als ob sie versuchen würden, unter sich das Gefühl von Sicherheit neu zu schaffen, das die Eltern ihnen nicht mehr vermitteln können. Aber diese Solidarität im Unglück hält unter dem Druck der immer schlechter werdenden Beziehung der Eltern nicht immer, vor allem wenn die Trennung bereits vollzogen ist. Dann können neue Geschwisterrivalitäten auftreten.

Cédric und Sarah stehen in ständigem Konflikt miteinander. Sie sind wie Katz und Maus. Ihre Eltern haben sich gleich nach Sarahs Geburt getrennt. Beide Kinder leben bei der Mutter und sehen den Vater regelmäßig bei den Großeltern väterlicherseits.

Cédrics Urteil ist eindeutig: Seine Schwester ist für ihn ein wahrer Teufel, sie macht ihm ständig Ärger. Aber vor allem kümmert sich die Mutter mehr um sie als um ihn. Sie kuschelt endlos mit Sarah, bevor diese ins Bett geht, aber ihn schimpft sie, wenn er ihr Gute Nacht sagen möchte, weil er noch nicht schläft. Cédric ist überzeugt, daß an all diesen Zurechtweisungen seine Schwester schuld ist. Seine Mutter gibt zu, daß sie ziemlich streng mit ihm ist, denn sie erkennt sich in ihm wieder: Er hat denselben Charakter und sieht ihr sehr ähnlich.

Cédric überwacht ständig jede Geste seiner Mutter gegenüber der Schwester, aber er zeigt sich auch als genauer Beobachter, wenn es darum geht, die Zuneigung seiner Schwester zur Mutter zu messen. Schon als seine Mutter schwanger war, wollte er keine Schwester. Er schlug sie auf den Bauch und rüttelte an der noch leeren Wiege. Damals sagte er, daß er lieber eine Cousine im selben Alter wie er hätte, da sie wenigstens nicht bei ihm wohnen würde. Heute gibt er unter starken Emotionen zu, was er denkt: Daran, daß seine Eltern nicht mehr zusammenlebten, sei seine Schwester schuld, »schließlich haben sie sich getrennt, als sie geboren wurde«.

Situationen wie dieser begegne ich ziemlich oft. So kommt es häufig vor, daß das jüngste Kind einer Familie, das manchmal gezeugt wurde, um die Ehe zu »kitten«, von den älteren als Symbol ihres Scheiterns angesehen wird. Kinder kennen schon sehr früh das Prinzip von Ursache und Wirkung, ihr ganzes Leben wird davon bestimmt:

Wenn sie brav sind, bekommen sie eine Belohnung, wenn sie etwas anstellen, werden sie bestraft. Die Trennung ihrer Eltern, die sie als extreme Bestrafung empfinden, muß also logischerweise einem der Geschwister in die Schuhe zu schieben sein. Ihre Eltern lieben sie zu sehr, so daß sie keinem von beiden die Schuld geben würden. Und nie nimmt einer der Eltern seinen Kindern gegenüber die Schuld auf sich.

Jedes neue oder nicht nachvollziehbare Ereignis wird nun übermäßig interpretiert und als Beweis gesehen. Die Geburt eines Kindes, die ohnehin immer für Unruhe sorgt, eignet sich dafür geradezu ideal. Die Kinder merken, daß ihre Mutter seit das Nesthäkchen geboren wurde nicht mehr ganz dieselbe ist: Sie ist weniger aufmerksam, trauriger, wird schneller wütend ... Die Kinder können nicht verstehen, daß dieser Depressionszustand nach einer Geburt »normal« ist, und sie können sich genausowenig vorstellen, daß diese düstere Stimmung auf die Ehekrise zurückzuführen ist. Sie stützen sich allein auf die Gleichzeitigkeit der Ereignisse, und so machen sie das »Nesthäkchen« für die Trennung der Eltern verantwortlich – dieses Urteil scheint das Jüngste auch noch zu bestätigen, denn aufgrund seines Alters scheint es weniger zu leiden als die anderen.

Das Leid nach der Trennung kommt je nach Alter des Kindes unterschiedlich zum Ausdruck. Die kleinsten äußern ihre Ängste, indem sie sich in sich selbst zurückziehen oder mit starker Aggressivität, für die die Geschwister willkommene Opfer sind. Ältere Kinder können Scham- und Schuldgefühle empfinden; sie fühlen sich nicht wohl in ihrer Haut und haben keine guten Beziehungen zu ihren Geschwistern.

Aber die Zeit läßt den Schmerz zum Teil abklingen, denn auch wenn die Trennung vollzogen ist, halten die Kinder lange an der Hoffnung fest, daß alles wieder so werden wird wie vorher – damit beruhigen sie sich unbewußt selbst.

In jedem Fall müssen die Kinder sich irgendwann mit der Situation abfinden, daß ihre Eltern nie mehr zusammenleben werden. Sie müssen über die Veränderung in ihrem Familienleben hinwegkommen und ihre Liebe differenziert verteilen. Die einen fühlen sich der Mutter näher, die anderen sind dem Vater mehr zugetan. Es kann sogar zu einer großen Rivalität kommen, wenn die Geschwister mit einem der Eltern gegen den anderen Partei ergreifen. Vor allem in der Adoleszenz sind die Diskrepanzen aufgrund der wiederaufflammenden ödipalen Problematik besonders auffällig.

Die Entscheidung für ein Elternteil

Wenn die Eltern sich trennen, werden die Kinder in eine Folge verschiedener familiärer Situationen hineingezogen, die unterschiedlich lang anhalten. Die meisten Kinder leben zunächst bei einem ihrer Eltern und bilden so eine Familie mit einem alleinerziehenden Elternteil.

Bei den meisten Scheidungen bleibt einer der Eltern isoliert zurück, eine Situation, die er gegen seinen Willen hinnehmen muß und unter der er leidet. Manche Menschen machen nach der Trennung eine depressive Phase durch, die sich natürlich auf das Leben der gesamten Familie niederschlägt. Die Geschwister werfen sich häufig gegenseitig vor, diese Situation ausgelöst zu haben, oder sind der

Ansicht, einer unter ihnen unternähme nicht genug, um den Eltern bei ihren Problemen zu helfen.

Die Eltern von Aurélie und Amanda leben seit drei Jahren getrennt. Die Mutter der beiden jungen Frauen wird mit dieser späten Trennung nur schwer fertig – sie ist bereits über 50 Jahre alt. Sie kommt einfach nicht gegen ihre depressive Neigung an und leidet unter einem völligen Mangel an Zukunftsplänen. Die ältere Tochter Aurélie hat nach Beendigung ihres Studiums Mutter und Schwester vor sechs Monaten verlassen und macht ein Aufbaustudium in einer Universität im Ausland. Seit ihrer Abreise macht Amanda, die in die Abiturklasse geht, nichts mehr für die Schule, sie geht fast jeden Abend aus und kommt erst sehr spät in der Nacht wieder. Weil die Mutter nicht mit ansehen will, wie Amanda ihre Ausbildung sabotiert, meldet sie sie bei mir zur Sprechstunde an.

In unserem Einzelgespräch ist es dem jungen Mädchen möglich auszudrücken, was sie ihrer Mutter nicht sagen kann. Jetzt, wo sie allein mit ihr lebt, muß sie sich ständig ihre Klagen anhören und versuchen, ihr wieder Freude am Leben zu geben. Als ihre Schwester noch da war, teilten sie sich die Arbeit, aber jetzt muß sie es allein machen, und das schafft sie nicht mehr, sie flieht vor der Traurigkeit der Mutter. Vor allen Dingen ist Amanda sehr böse auf Aurélie. Ihrer Meinung nach war das Aufbaustudium im Ausland nur ein Vorwand, um weggehen und endlich ein normales Leben führen zu können; und nun weigert Amanda sich, alles allein ertragen zu müssen.

Wenn einer der Eltern mit den Kindern allein bleibt, neigt er in der Regel dazu, sie zu seinen Vertrauenspersonen zu machen, so daß sie seine enttäuschte Liebe mittragen müssen. Die Kinder kommen also in eine Situation, in der sie trösten sollen, wo sie doch selbst die Zusicherung brauchen, daß der ferne Elternteil sie noch immer liebt. Allerdings habe ich schon oft festgestellt, daß die Kinder das Lager desjenigen Elternteils wählen, der ihnen schwächer erscheint, und daß sie ihn aktiv verteidigen.

Die Scheidung der Eltern kann auch die Rollenverteilung unter den Geschwistern durcheinanderbringen. So nimmt, wenn ein Elternteil nicht mehr da ist, häufig die Verantwortung des Ältesten zu: Mädchen gleichen die Abwesenheit der Mutter etwas aus, Jungen übernehmen die autoritäre Rolle des abwesenden Vaters.

Wenn die Scheidung rechtskräftig und die Trennung damit vollzogen ist, organisiert sich das Leben der Kinder zwischen zwei Haushalten. Es ist äußerst selten, daß Geschwister durch einen Gerichtsbeschluß oder gar auf Wunsch der Eltern auseinandergerissen werden, und das ist auch gut so, denn eine Trennung von Geschwistern unter diesen Umständen bedeutet oft das Ende der normalen Geschwisterbeziehungen.

Trotz aller Meinungsverschiedenheiten und Haßgefühle sind die Eltern wie auch die Richter meistens davon überzeugt, daß die Geschwisterbeziehungen extrem wichtig sind, und so beantragen sie, daß die Kinder weiterhin zusammenleben. Mehr als sonst wird die Geschwisterschaft hier durch ein Idealbild begünstigt, das einen engen Zusammenhalt fördert. Dieser ist das notwendige Gegengewicht dazu, daß die Partnerschaft auseinanderbricht.

Eine Scheidung beinhaltet für die Kinder immer einen »Verlust«. Meistens ist es der Verlust des Vaters, denn das

Sorgerecht wird vom Gericht bei den meisten Trennungen der Mutter zugesprochen. Das Umgangsrecht desjenigen Elternteils, der nicht das Sorgerecht hat, reicht nicht aus, um die Lücke im Alltag zu schließen. Gleichzeitig läßt sich aber auch häufig folgendes beobachten: Von einem Tag auf den anderen hat der Vater plötzlich sehr viel Zeit für die Spiele und Hobbys seiner Kinder, was vor der Scheidung nie der Fall war.

Viele Kinder können nicht akzeptieren, daß ein Elternteil den Familienhaushalt verlassen hat. Sie weigern sich manchmal sogar strikt, ihn zu besuchen. Mädchen scheinen dabei »nachtragender« zu sein als Jungen. Seit vielen Jahren erstelle ich Gutachten, die von Richtern angefordert werden, wenn ein Kind gegen das Umgangsrecht der Eltern Einspruch erhebt. Bei jungen Mädchen, die ihren Vater nicht treffen wollen, habe ich oft eine Störung der sexuellen Identität festgestellt. Wäre es nicht zur Trennung der Eltern gekommen, hätten sie wahrscheinlich andere Phobien in bezug auf das männliche Rollenbild gehabt. Die Scheidung bringt eigentlich nur psychische Störungen zutage, die schon länger vorhanden sind. Allzu häufig wird in solchen Fällen die Mutter beschuldigt, das Kind beeinflußt zu haben, obwohl der Widerstand von der jugendlichen Tochter ausgeht.

Ein Wochenende oder ein paar Ferienwochen mit dem »abwesenden« Elternteil im Rahmen des Umgangsrechts genügt nicht immer, damit die Kinder ihre Liebe zum Ausdruck bringen oder alle Zuneigung erhalten können, die sie einfordern. Diese streng gezählten Stunden fördern zudem die Eifersucht unter den Geschwistern. Sie stellen Vergleiche an, welches Geschwister am meisten davon hatte, was häufig zu Frustrationen führt. Und das wird nur noch reeller, wenn eines der Kinder sich weigert, diese Besuche mit-zumachen: Hat ein Bruder oder eine Schwester das Wie-dersehen mit dem getrennt wohnenden Elternteil so richtig genossen, wird er oder sie in seinen Augen zum Verräter an der Sache der Geschwister. Wie negativ ein solches Ur-teil ausfällt, hängt natürlich extrem davon ab, wie sich die Beziehungen der Eltern gestalten.

Wenn der Elternteil, der nicht das Sorgerecht hat, trotz-dem einen Teil der elterlichen Verantwortung – zum Bei-spiel für Schul- und Ausbildung – übertragen bekommt, dürfte das vor allem den Vätern helfen, eine größere Nähe zu den Kindern aufrechtzuerhalten, und verhindern, daß sie sich »ausklinken«. Es ist wichtig, daß sie ein Identifi-kationsmodell bleiben und die Mutter und ihre Kinder etwas auseinanderbringen, damit eine zu enge Bindung zwischen ihnen verhindert wird, die durch die Desillusio-nierung bezüglich der Liebe unter Umständen gefördert werden könnte. Wünschenswert wäre beispielsweise ein Modell, bei dem der Elternteil, der nicht das »offizielle« Sorgerecht innehat, sein Kind jede Woche sehen kann, zum Beispiel dienstags und mittwochs sowie jedes zweite Wochenende und für die Hälfte der Ferien. Auf diese Weise würden die affektiven Bindungen zu beiden Eltern auch nach der Scheidung erhalten bleiben.

Die Eingliederung in eine neue Familie

In 85 Prozent der Fälle dauert dieses Leben zwischen zwei alleinerziehenden Elternteilen nicht lange an. Einige Monate oder Jahre nach der Trennung der Eltern kommen die Kinder in den »Genuß« einer Patchwork-Familie. Papa,

Mama oder alle beide finden wieder eine verwandte Seele, heiraten wieder oder gehen eine feste Partnerschaft ein und gründen nochmals eine Familie. So entstehen neue Geschwisterkreise aus Halbbrüdern und Halbschwestern, manchmal sogar aus »falschen Brüdern« oder »falschen Schwestern«, wenn die Eltern sich mehrfach binden – und trennen. Mit der Zeit kann es schwierig werden, in den Verästelungen eines zuweilen höchst eindrucksvollen Stammbaums seinen Platz zu finden.

Versuchen wir einmal, die folgende kleine Geschwister-Rechenaufgabe zu lösen: Thierry und Véronique heiraten, sie bekommen zwei Kinder, dann trennen sie sich. Thierry heiratet Hélène, die zwei Kinder hat. Véronique lernt Etienne kennen, der zwei Töchter hat. Diese beiden neuen Paare bekommen beide ein gemeinsames Kind, aber sie trennen sich wieder. Thierry kommt mit Cécile zusammen, die ein Kind hat, und Véronique heiratet Gérard, Vater zweier Kinder. Aus diesen Partnerschaften gehen zwei Kinder hervor. Auch Hélène und Etienne finden beide wieder einen Partner mit Kind.

Wie viele Kinder gibt es in dieser Familie, und wie viele von ihnen sind Halbgeschwister?*

Patchwork-Familien sind eigentlich nichts Neues. In früheren Zeiten entstanden sie in der Regel nach dem Tod eines

---

* Lösung: 15 Kinder. Die beiden Kinder von Thierry und Véronique bekommen vier Halbgeschwister und neun »falsche Geschwister«. Jedes Kind hat natürlich zwei leibliche und zwölf Stiefeltern. So umfaßt diese Familie insgesamt 29 Mitglieder, und das, ohne die Großeltern und die weitere Verwandtschaft mitzuzählen!

der Eltern. Der Überlebende heiratete wieder und gründete eine neue Familie. Der neue Vater bekam den Namen »Stiefvater«, die neue Mutter den Namen »Stiefmutter«, und sie wurde manchmal zur »bösen Stiefmutter«, wenn die Beziehungen zu den Kindern aus erster Ehe sich schlecht entwickelten. Nur selten lebten alle Kinder unter demselben Dach: Die aus erster Ehe wurden meistens zu einer Amme oder in ein Pensionat geschickt, um Schwierigkeiten im Zusammenleben zu vermeiden.

Das Motiv eines unglücklichen Kindes, das von seinen Stiefgeschwistern verstoßen wird, taucht in sehr vielen Märchen auf (zum Beispiel im Märchen vom Aschenputtel), aber ich denke, daß es für die Beziehungen in Patchwork-Familien von heute nicht mehr repräsentativ ist. Die Probleme, mit denen Kinder in solchen Situationen zu kämpfen haben, entstehen in erster Linie aufgrund der Aufteilung der elterlichen Liebe. Zudem sind heute bei den meisten Patchwork-Familien die leiblichen Eltern noch am Leben und üben die Elternrolle gemeinsam aus. Getrenntlebende Eltern müssen sich darum bemühen, auch weiterhin gemeinsam über die Zukunft ihrer Kinder zu entscheiden, und ihre neuen Partner müssen als Pflegemütter und -väter betrachtet werden.

In manchen Familien kommen zahlreiche Schwestern und Brüder zusammen. Sie leben nicht unbedingt alle unter demselben Dach, aber sie treffen sich bei Familienfesten. Manche Kinder entwickeln enge Bindungen untereinander, anderen sind die neuen Geschwisterbeziehungen gleichgültig. Aber ziemlich häufig entsteht zwischen Kindern, die nur wenige Gene gemeinsam haben, eine Freundschaft und sogar Zuneigung: In der erweiterten Familie finden sie einen oder zwei Jungen, die zu echten Brüdern werden, die ihnen näherstehen als der leibliche Bruder, oder sie knüpfen eine enge Beziehung zu einer oder zwei Schwestern, die in ihrem Herzen den Rang der leiblichen Schwester einnehmen. Damit beweisen Kinder, daß sie sozial außerordentlich begabt sind, und diese Begabung macht sich innerhalb der Familie besonders früh bemerkbar.

Trotzdem darf man nicht vergessen, daß Konfliktsituationen bei weitem häufiger sind, besonders wenn die Kinder noch klein sind oder gerade in der Pubertät stecken. Auslöser für die Konflikte ist der Zwang, sich die räumliche Umgebung zu teilen; aber im Grunde spiegeln die Rivalitäten unter Halbgeschwistern fast immer die Schwierigkeit wieder, die Zuneigung der Eltern teilen zu müssen. Die Meinungsverschiedenheiten werden mit voller Leidenschaft ausgetragen und nehmen manchmal Züge von Haß an.

Diese affektiven Störungen erklären die enorme Aggression, die dem neuen Partner entgegenschlagen kann, der den Platz des abwesenden Elternteils einnimmt. Davon kann aber auch einer der leiblichen Eltern betroffen sein, zu dem die Beziehungen sich verdüstern. Meines Erachtens ist die Trennung von einem Elternteil immer eine schwere Prüfung, auch wenn aus soziologischen Studien hervorgeht, daß Kinder sich in einer neu zusammengewürfelten Familie bestens entfalten können.

Immer wieder erstaunt es mich, wie fest Eltern, die eine neue Familie gründen, davon überzeugt sind, daß ihre Kinder den neuen Partner mögen werden, für den sie ihre vorige Familie verlassen haben. Abgesehen davon, verlangen sie zudem wie selbstverständlich von ihnen, auch die Kinder dieses neuen Partners zu mögen, mit denen sie ständig zusammenleben, während sie ihre eigenen Kinder nur während des wöchentlichen Besuchstags sehen. Diese Eltern machen sich enorme Illusionen, und ich muß ihnen ganz ehrlich sagen, was zum Beispiel ein Kind denkt, das durch eine Scheidung von seinem Vater getrennt wurde: »Papa zieht ein Kind in meinem Alter auf, das er jeden Tag sieht, und mich sieht er nur so selten, und dann soll ich dieses Kind auch noch mögen!« Solche Situationen führen unausweichlich zur Rivalität.

Erwachsene meinen immer, ihre Kinder müßten ihre Denkweise akzeptieren; sie sehen nicht, daß die Kinder dabei sind, ihre Familienstruktur zu *konstruieren,* und nicht wie sie selbst zu *rekonstruieren.* Denn im Laufe einiger Jahre haben die Kinder in ihrer leiblichen Familie Orientierungs- und Bezugspunkte für ihre Identitätsbildung gefunden; wenn sie sich in eine neue Familie integrieren müssen, verlangt ihnen das zwangsläufig eine zusätzliche Anstrengung ab. Angesichts der neuen Konstellation werden die Karten neu gemischt, und auch, was schon geschafft schien, kann durcheinandergebracht werden. Ein falscher Bruder kann »bewundernswerter« sein als ein echter Bruder, eine falsche Schwester sympathischer als die leibliche Schwester, oder eine falsche Großmutter liebevoller als die echte.

Heute meinen viele Erwachsene, es reiche, ihren Kindern die Wahrheit zu sagen, dann werde schon alles gutgehen. Aber auch Erklärungen und sogar Rechtfertigungen können nicht alle Probleme lösen. Wörter haben keine Zauberkraft, und hinter jedem Wort steckt ein Sinn, der je nach Entwicklungsstand des Kindes unterschiedlich aufgefaßt wird. Deshalb sollten Eltern sich bewußt machen, wie weit die Kinder in ihrer Entwicklung sind, damit sie nachvollziehen können, welchen Gefühlen diese ausgeliefert sind. Die schrittweise Integration in eine neue Familie schafft jeweils andere Probleme, wenn das Kind in der ödipalen Krise steckt, in der Latenzphase, oder wenn es gerade am Anfang der Pubertät steht. Ein drei- oder vierjähriges Mädchen, das seinen Vater mit einer anderen Frau und einem Kind in seinem Alter zusammenziehen sieht, leidet enorm darunter, sein Verhältnis zu den Eindringlingen wird ziemlich chaotisch ausfallen. Ebenso ist es für manche Jugendliche, die gerade mit ihren inzestuösen Wünschen zu kämpfen haben, sehr schmerzvoll, wenn ihre Mutter sie verläßt, weil sie ein neues Liebesabenteuer ausleben will.

Fabrice und Juliette, zehn und zwölf Jahre, fahren jedesmal nur sehr unwillig in den Ferien zu ihrem Vater. Seit der Scheidung vor ein paar Jahren lebt dieser mit einer Frau zusammen, der Mutter der kleinen Manon. Wenn die beiden Kinder zu ihrem Vater zu Besuch kommen, überläßt Manon ihnen freundlicherweise ihr Zimmer. Aber genau da liegt das Problem: Fabrice und Juliette wollen nicht, daß sie ihre Poster an den Wänden läßt, und hätten am liebsten, daß sie ihr ganzes Zimmer ausräumt! Diese Haltung, die unglaublich dickköpfig erscheint, bringt einen tiefsitzenden Haß gegen Manon zutage, deren einziger Fehler es ist, das tägliche Leben ihres Vaters zu teilen.

Es ist kein Zufall, daß Konflikte sich oft an einem gemeinsamen Zimmer entzünden. Für ein Kind genauso wie für einen Jugendlichen ist das eigene Zimmer ein Rückzugsort. Hier kann man am besten spielen, Schularbeiten machen, träumen und ausruhen. Aus all diesen Gründen kann man diesen Raum nur schwer mit jemandem teilen.

In vielen Patchwork-Familien werden die Zimmer ganz

rational verteilt, je nachdem wie lange jeder tatsächlich im Haus ist. Aber die Aufteilung ist manchmal ausgesprochen heikel. Wenn eine Familie keine Raumprobleme hat, kann sie jedem Kind ein eigenes Zimmer zugestehen, auch wenn es überwiegend woanders lebt. So behält es seinen eigenen Bereich und hat das Gefühl, nicht »zu Besuch« zu sein, sondern wirklich zu Hause, auch wenn es nicht oft da ist.

Allerdings kommt es vor, daß die Kinder die abgemachte Ordnung durcheinanderbringen: Sie tauschen miteinander, finden sich in Gruppen zusammen und brechen damit die logischen verwandtschaftlichen oder altersbedingten Verbindungen auf. Wenn zu bestimmten Zeiten alle Kinder gleichzeitig da sind, können sie sich vermischen und ganz nach Belieben ein neues Patchwork-Muster bilden; möglicherweise finden aber auch die leiblichen Geschwister noch enger zusammen. Oft widersprechen solche Veränderungen der festen Vorstellung der Erwachsenen – der Eltern und Stiefeltern –, wie das Leben innerhalb der neuen Familie sich zu organisieren hat.

In jedem Fall muß das Zusammenleben sehr aufmerksam geregelt werden. Es ist in der Tat wichtig, daß die leiblichen Geschwister mit jedem ihrer Eltern ihre eigenen Zeiten zugestanden bekommen. Kinder haben ein Bedürfnis nach persönlichen Beweisen der Zuneigung, sie müssen sich um ihrer selbst willen geliebt fühlen, und sie brauchen auch ihre Großeltern. Kurz gesagt, sie brauchen die Gewißheit, in einen Clan integriert zu sein, in eine Familie, an deren Werten und Erinnerungen sie Anteil haben.

Daß Halbgeschwister sich mögen, ist alles andere als selbstverständlich. Schließlich kann man sie nicht mit Freunden vergleichen, denn sie haben sich ja einander nicht ausgesucht, und trotzdem müssen sie viel miteinander teilen.

Das Alltagsleben in solchen buntgemischten Familien erfordert einiges Organisationstalent, denn der doppelte Aufenthaltsort der Kinder bringt durchaus Komplikationen mit sich. Die Familie kann zeitweilig aus vielen Personen bestehen, zeitweise aber nur ein einzelnes Kind umfassen. So läßt sich unmöglich ein genaues Modell aufstellen, denn bei diesen Patchwork-Familien existieren immer mehrere. Der Geschwisterkreis kann sich aus zwei Einheiten zusammensetzen – die Kinder aus der ersten Partnerschaft und die gemeinsamen Kinder des neuen Paares – oder aus drei – die früheren Kinder beider Partner und die gemeinsamen Kinder. Und diese ganze Schar lebt miteinander, in Voll- oder Teilzeit.

Wenn die Kinder kommen und gehen und zwischen zwei Orten pendeln, bedeutet das für sie oft auch eine Veränderung des Lebensstils und eine andere Raumaufteilung. Die bedeutendsten Veränderungen finden aber in den Beziehungen zu den Erwachsenen und den anderen Kindern statt. Die Ortswechsel wirken häufig destabilisierend und können als Belastung erlebt werden. Je nach Alter und Persönlichkeit passen sich die einen an, die anderen leiden unter der Situation. Aber in jedem Fall braucht das Kind eine »sterile Schleuse«, etwas Übergangszeit und Raum für sich, damit es die Gewohnheiten des Haushalts, aus dem es gerade kommt, ablegen und die des Haushalts, in den es kommt, annehmen kann.

Wenn ein Kind in so ein »Familienmosaik« hineinkommt, hat das manchmal einen Wechsel im Geburtenrang und damit der Stellung innerhalb der Geschwisterschaft zur Folge. Das Kind kann das als Problem oder als

Vorteil erleben. Aber manch einem fällt es nicht leicht, in beiden Familien einen für ihn angenehmen Platz zu finden.

Außerdem geht das Kind beim Ortswechsel zugleich auch von einer Form der elterlichen Einzelbeziehung in eine andere über, denn die besondere Beziehung, die es mit beiden Eltern hatte, gibt es nicht mehr. Es entwickeln sich also zwei neue, getrennte Formen der Vertrautheit, je nachdem, wieviel Zeit es bei dem einen und dem anderen verbringt. Aber immer, wenn Familien zusammengewürfelt werden, laufen komplexe psychologische Prozesse ab, da neue affektive Bindungen geschaffen werden müssen. Bestimmte Stufen in der psychologischen Entwicklung des Kindes und neue Familienstrukturen können zum Auslöser für vorübergehende Störungen oder echte Krisen werden. Übellaunigkeit, Wutanfälle, Hemmungen, Schulversagen, Ausreißen, Aggressivität oder kleine Diebstahlsdelikte sind dafür die auffälligsten Symptome.

Das Verhalten der Eltern ist entscheidend für das Kunststück, unter Stiefgeschwistern gut zusammenzuleben. Sie sind gefordert, gemeinsame Zeiten zu organisieren, damit die Geschwister zusammenkommen, die wegen der verschiedenen Besuchszeiten bei den jeweiligen Eltern ständig auseinandergerissen werden. So wird das Bedürfnis genährt, einander nahezukommen, das Gefühl, derselben Gruppe anzugehören, und die Kinder bekommen Lust zusammenzusein. Denn nur wenn sie häufig miteinander zu tun haben, bekommen sie das Gefühl, dauerhafte Beziehungen zueinander zu haben wie in ganz normalen Familien. Gemeinsame Mahlzeiten etwa sind wichtige Zeiten im Leben dieser Familien: Sie stehen vor allem als Symbol für gemeinsame Momente und Unterhaltungen. Die neuen

Eltern sollten sich bemühen, so viel wie möglich aus diesen gemeinsamen Zeiten herauszuholen und sich dabei ganz den Kindern widmen. Alle haben dabei Gelegenheit, sich auszutauschen, sowohl in Gesprächen als auch bei der gemeinsamen Hausarbeit.

Halbgeschwister haben nur dann das Gefühl, wirklich Geschwister zu sein, wenn sie wichtige Erlebnisse ihrer Kindheit miteinander teilen. In jedem Fall bauen Geschwisterbande auf der Gemeinsamkeit als intim erlebter Ereignisse auf. Gemeinsam aufzuwachsen, nebeneinander Fortschritte zu machen, dieselbe Erziehung zu genießen, all das zementiert das Geschwistergefühl von Menschen mit verschiedenen Persönlichkeiten, von Individuen, die zuvor eine ganz eigene Geschichte hatten. Je jünger die Kinder sind, wenn sie aufeinandertreffen, desto mehr Zeit verbringen sie miteinander, und desto eher werden sie eine echte Geschwisterbeziehung entwickeln. Der Geschwisterkreis verfügt dann über einen reichen Schatz einzigartiger Erfahrungen, die innerhalb dieser Gemeinschaft gemacht wurden. Je später die Geschwister sich treffen und je größer die Altersunterschiede sind, desto schwächer und anfälliger sind dagegen die Geschwisterbeziehungen. Denn diese entwickeln sich vor allem im Kleinkindalter, wenn die Fähigkeit zur Reflexion noch schwach ausgebildet ist, wenn also das »gemeinsame Tun« noch wichtig ist.

Wenn es keine biologischen Bande gibt, kann nur räumliche Nähe und das gemeinsame Leben Gefühle der Sympathie, Rivalität oder Aggressivität verstärken.

Ob die Kinder von neuen Paaren leiblich verwandt sind oder nicht, führt jeweils zu verschiedenen Reaktionen. Es ist leichter, den Kindern seines Stiefvaters oder seiner

Stiefmutter zu begegnen, mit denen man nicht durch Blutsbande verbunden ist, als hinzunehmen, daß man sein Leben mit einem oder mehreren Kindern teilen soll, die denselben Vater oder dieselbe Mutter haben. Rivalitäten unter »falschen Geschwistern« sind nicht zu vergleichen mit denen, die Halbgeschwister untereinander empfinden!

Vor allem für Einzelkinder ist es besonders schwierig, auf diese Weise zu älteren Geschwistern zu werden. Wenn ein zweites Kind angekündigt wird, kommt zu den normalen Eifersuchtsgefühlen, die jedes Kind hat, noch das Gefühl, der dunklen Vergangenheit der Eltern anzugehören, der Zeit der Konflikte, die mehr oder weniger verdrängt ist. Das Glück und die Freude der Eltern über die bevorstehende Geburt verunsichern das ältere Geschwister zutiefst: Es ist ohnehin schon nicht einfach, zu einem großen Geschwister zu werden, aber unter diesen Umständen ist es noch schlimmer! Deshalb müssen die Erwachsenen, und zwar die »echten« Eltern genauso wie die »Stiefeltern«, diesen Kindern besonders viel Aufmerksamkeit schenken, um ihnen zu helfen, sich ins Geschwisterleben einzufinden und seine Vorzüge schätzen zu lernen.

Manche Kinder erleben noch verwirrendere Situationen. Etwa wenn die Beziehung zu einem Elternteil nicht aufrechterhalten wurde und sie erst im nachhinein von der Existenz eines Halbbruders oder einer Halbschwester erfahren. Dann haben sie erst recht das Gefühl, von diesem Elternteil hintergangen worden zu sein, da er sie nicht einmal genug liebte, um ihnen dieses wichtige Ereignis mitzuteilen. Unter solchen Umständen ist jede Form von Geschwisterbeziehungen undenkbar. Genausowenig kann ein wohlwollendes Gefühl entstehen, wenn Kinder wissen, daß sie einen Stiefbruder oder eine Stiefschwester haben, sie aber nie kennengelernt haben. Häufig lehnen sie selbst jeden Kontakt ab, denn sie fänden so ein Treffen dem Elternteil gegenüber, mit dem sie zusammenleben, unfair.

Wenn die Trennung der Eltern konfliktreich verlaufen ist oder den Kindern schlecht erklärt wurde, vermeiden diese generell jedes Engagement in der neuen Familie des fernen Elternteils. Kindern, die aus einer Zweitehe hervorgehen, wird mit extremer Eifersucht begegnet, denn schließlich haben sie einen Vater und eine Mutter, die zu Hause leben. Sie wirken wie der Mörtel der neuen Ehe, und dieser Mörtel ist offensichtlich viel »haltbarer« als der, den die Kinder aus der ersten, »mißlungenen« Ehe darstellten.

Wie eine Patchwork-Familie sich zusammensetzt und inwieweit die Elternbindung nach dem Ende der Ehe aufrechterhalten werden kann, hängt sehr davon ab, welche Beziehungen die getrennten Eltern zueinander pflegen. Es wäre zu einfach zu sagen, daß die Scheidung dem Kind keine Probleme macht und die Beziehungen unter den Geschwistern sich nicht verändern. Es kann aber auch sein, daß ein Kind Probleme mit einem seiner Eltern hat, beim »Stiefelternteil« ein offeneres Ohr findet und so von der Trennung seiner Eltern profitiert. Dagegen wird ein Mädchen, das zu seinem Vater eine hervorragende Beziehung hat und ihn verlassen muß, seinen Stiefvater mit großer Wahrscheinlichkeit abscheulich finden.

Eltern sollten ihren Kindern nicht unbedingt erklären, daß sie sich, obwohl sie sich jetzt trennen, einmal geliebt haben. Zum einen stimmt das gar nicht immer, und zum anderen verunsichern sie die Kinder damit völlig: Wie sollen sie denn begreifen, daß Menschen von Liebe reden, die einander offensichtlich immer nur voller Haß begegnen?

10   Was bedeutet eigentlich Geschwisterschaft?

Die Beziehungen zwischen Geschwistern sind das Ergebnis einer tiefen Vertrautheit, die nicht frei gewählt, sondern ihnen von den Eltern auferlegt ist. Kinder wissen schon sehr früh, daß ihre Eltern ihnen mit den Geschwistern Partner für das ganze Leben gegeben haben. Ich bin geneigt, die Geschwisterschaft mit einer chronischen Krankheit zu vergleichen, denn es gibt akute Krisen und wertvolle Momente, in denen die Symptome abklingen. Allerdings weist sie im Gegensatz zu anderen Kinderkrankheiten eine erstaunliche Besonderheit auf: Sie macht sich schon bemerkbar, bevor das Kind überhaupt mit dem »Erreger« in Kontakt geraten ist. Denn die ersten Gefühle der Ablehnung entstehen, sobald das Kind erfährt, daß es sein Leben in Zukunft mit einem anderen Kind zu teilen hat. Diese Gefühle lassen sich nicht vorausahnen – oft wünscht es sich sogar einen Bruder oder eine Schwester zum Spielen. Das Einzelkind – der Mittelpunkt der Familie, ja sogar der ganzen Familienwelt, wenn es das erste Enkelkind ist – hat keine Vorstellung davon, wie sehr seine Gefühlswelt ins Wanken gerät, wenn es zum großen Geschwister wird.

Häufig kommen Eltern mit Kindern zu mir, die sie mit ihrem schwierigen, autoritären Charakter zur Erschöpfung treiben oder die nur an ihrem Rockzipfel hängen. Sie denken nur selten daran, mir gleich zu sagen, daß sie ein neues Baby erwarten. Das Verhalten solcher Kinder, die meist zwischen drei und vier Jahre alt sind, läßt mich ziemlich schnell auf eine vorausgreifende Geschwisterrivalität schließen. Sie brauchen in diesem Fall eine präventive psychologische Betreuung, denn fast immer ist ihre bisherige Elternbeziehung zu vereinnahmend. Häufig dominieren und manipulieren Kinder ihre Eltern. Sie müssen auf den Schock des Geschwisterlebens vorbereitet werden, da sonst eine grausame Eifersucht entstehen kann, wenn sie die elterliche Liebe erst mit einem Baby teilen müssen, das sie sich schon vor der Geburt so gut vorstellen können.

Die Symptome der »Geschwisterkrankheit« sind häufig Eifersucht, Rivalitäten, Hyperaktivität und Aggressivität. Die Eltern klagen zudem über unruhige Nächte und Chaos am Eßtisch. Solche Anzeichen des »Unwohlseins« sind besonders schwer auszuhalten, aber sie lassen sich auch am leichtesten diagnostizieren. Bei anderen kann man nicht so eindeutig auf die Ursachen schließen. So begegne ich häufig Kindern, die an Mutismus leiden, die also mit niemandem sprechen wollen. Dann merke ich wieder, was für einen seltsamen Beruf ich habe, da eine meiner Aufgaben darin besteht, die Stummen zum Reden zu bringen. Mein Geheimnis besteht darin, die Rede auf ihre Geschwister zu bringen. Wenn ich sie frage: »Wer nervt dich mehr, dein Bruder oder deine Schwester?«, dann reagieren Kinder, die durch den Mutismus ihre geschwisterliche Rivalität zum Ausdruck bringen, indem sie mir direkt in die Augen schauen und ohne zu zögern antworten: »Mein großer Bruder!« oder »Meine kleine Schwester!«

Ich bin ja eher redselig, und ich hege für diese Kinder eine besondere Sympathie; denn ich glaube, man muß viel gelitten haben, um so weit zu kommen, daß man seine Meinungen und seine Gefühle nicht mehr aussprechen mag und schließlich von seiner Umgebung nicht mehr verstanden wird. Manchmal wird angenommen, solche stummen Kinder litten an massiven psychischen Störungen; dabei ist das einzige, was ihnen fehlt, die Initiative, den Mund aufzumachen und ihren Geschwistern zu sagen, was sie eigentlich über sie denken.

Die Geschwisterschaft ist eine Liebeskrankheit, die durch Rivalität und Bündnisse geprägt ist. Diese beiden Aspekte sind manchmal so stark miteinander vermischt, daß es eine Art Ansteckung zu geben scheint, die bei bestimmten Geschwistern häufiger ist: bei Zwillingen – eineiigen wie zweieiigen – und bei zwei Geschwistern desselben Geschlechts. Ich erinnere mich zum Beispiel an eine Situation, in der es zu einer solchen Ansteckung kam. Davon waren zwei Schwestern betroffen, die ihre Pathologien miteinander »austauschten«: Die eine litt an Bulimie, wenn die andere magersüchtig war, und umgekehrt; wenn eine von zu Hause ausriß, machte die andere es ihr umgehend nach und so weiter. Natürlich waren die Eltern völlig hilflos, und nur durch eine vorübergehende Trennung der beiden Schwestern konnte dieser Teufelskreis durchbrochen werden.

Die einzelnen Situationen, die Kraft der Bande zwischen Geschwistern sind so unterschiedlich, daß man »Geschwister« nicht in ein paar Worten definieren kann. Nur eine Tatsache ist unbestreitbar: Geschwister, die dieselben Eltern haben, verfügen über ein gemeinsames genetisches Erbe.

Insgesamt nimmt die Bedeutung der Blutsverwandtschaft in den Familien heute mehr und mehr ab. Partnerschaften zerbrechen, die Geschwister werden einmal oder mehrfach durcheinandergewürfelt. So gibt es eigentlich nur noch bei den Patchwork-Konstellationen kinderreiche Familien. Die komplizierten Geschichten der elterlichen Partnerschaften lasten manchmal allzu schwer auf den schwachen Schultern der Kinder, und der Zusammenhalt unter den Geschwistern reicht nicht immer aus, um das Leid jedes einzelnen zu lindern.

Ich erinnere mich an einen kleinen Jungen, der getrennt von seinem Vater lebte und seiner Mutter das Leben schwermachte. Diese hatte beschlossen, ihm häufige Zusammenkünfte mit seinem älteren Halbbruder zu ermöglichen, weil sie meinte, ihr Sohn würde auf diese Weise durch den Geschwisterkreis unterstützt werden. Aber es nützte überhaupt nichts, denn das Kind war davon überzeugt, daß es zu seinem Vater ziehen könnte, wenn es seine Mutter nur genügend tyrannisierte. Durch sein Verhalten versuchte es, das Bild der zerstörten Beziehung der Eltern intakt zu halten.

Was also haben Geschwister bis auf ein paar Gene überhaupt gemeinsam? Die Erziehung? Nicht unbedingt, denn die Eltern verhalten sich in der Erziehung nicht immer gleich; sie entwickeln sich im Kontakt mit den Kindern selbst weiter. Außerdem hat jedes Kind von Geburt an mehr oder weniger deutlich erkennbare Fähigkeiten, die psychische Entwicklung der Kinder verläuft unterschiedlich, und die Interaktionen mit den Eltern und dem nahen Umfeld sind immer einzigartig. Beziehungen, die sich im Lauf der Kindheit einpendeln, können sich für jedes Kind als Glücks- oder Unglücksfall entpuppen.

Alle Kinder, denen ich begegne, haben verschiedene schulische, intellektuelle und berufliche Laufbahnen, und ihre Beziehungen entwickeln sich unterschiedlich. Die alte Debatte um Anlage und Erworbenes scheint mir überholt zu sein: Sicherlich macht die angeborene Anlage 80 Prozent der Entwicklung jedes einzelnen aus, aber die 20 Prozent, die aus der Umwelt erworben werden, bestimmen seine Persönlichkeit. Natürlich läuft die neurologische Entwicklung des Gehirns bei allen Kindern gleich ab, aber sämtliche Studien auf diesem Gebiet zeigen, wie wichtig frühzeitige Stimulationen sind, die zahlreich und immer unterschiedlich sein sollen. Sie fördern die Leistungsfähigkeit der Hirnrinde und bilden sensorische Fähigkeiten sowie später die Lernfähigkeit heraus. Kein Wesen ist mit einem anderen identisch, genausowenig unter Geschwistern wie unter anderen Altersgenossen.

Die Macht der Erinnerungen

Die enge Bindung von Geschwistern beruht darauf, daß sie gemeinsame Erinnerungen haben – an erster Stelle Erinnerungen an Gegenstände, die vom ältesten zum zweiten und vom zweiten zum dritten Kind gewandert sind. Oft haben Geschwister in derselben Wiege geschlafen, haben dieselben Spielsachen, dieselben Kleider gehabt. Diese »Schätze« einer vergangenen Zeit schlafen in einer Ecke des Dachbodens ihren Dornröschenschlaf, als wäre der Geschwisterkreis noch nicht komplett. In manchen Familien wird zum Beispiel die Wiege, in der die Geschwister geschlafen haben, aufbewahrt und später für deren Kinder verwendet.

Wenn Gegenstände miteinander geteilt werden, hat das automatisch etwas mit dem Schenken zu tun. Fast immer sind es die Eltern, die ein Geschwister zum Schenken veranlassen. Auch wenn das Kind einwilligt, bleibt immer eine Wunde zurück, die mehr oder weniger tief ist. Ein älteres Geschwister, das sein Bett, ein Spielzeug oder ein Kleidungsstück vererbt hat, sehnt sich noch sein Leben lang danach. Solange es das Jüngere damit sieht, denkt es: »Als ich klein war, war das meins, und jetzt ist es seins.« Der abgenutzte, mehr oder weniger vergessene Gegenstand wird durch die Erinnerung wieder wichtig oder gar idealisiert. Aber das Bedauern hat auch seine positive Seite, denn es bedeutet, daß das ältere Kind größer geworden ist, sich verändert hat. Ich hoffe allerdings immer, daß Eltern die Dinge erkennen, die man einfach nicht verschenken kann, weil sie zu persönlich sind: den Teddybär, der dem Kind geholfen hat, die Ungeheuer der Nacht zu bezwingen, das erste kleine Auto, das ein geliebter, inzwischen verstorbener Großvater ihm geschenkt hat, den Pullover, den eine Lieblingsoma ihm gestrickt hat ... Generell sollte jedesmal, wenn etwas verschenkt werden soll, mit dem Besitzer verhandelt werden, damit er keine negativen Erinnerungen damit verbindet und keinen Groll entwickelt.

In der Adoleszenz erhält das Teilen von Gegenständen eine andere Bedeutung. Geschwister, die sich gegenseitig Kleider ausleihen oder sie sich einfach ungefragt nehmen, wollen sich im Grunde ein bißchen in die Haut des anderen versetzen. Da sie dieselben Gene, dieselben Eltern haben, nähern sie sich einander auch gerne in ihrem Äußeren an. Diese Art von Brüderlichkeit reicht übrigens über den Geschwisterrahmen hinaus, denn Jugendliche tauschen ihre

Kleidung auch mit ihren Freunden. Damit bringen sie zum Ausdruck, daß sie einer Gruppe, einer Clique angehören. Daß Fußballspieler dasselbe Trikot tragen, soll ja auch in erster Linie zeigen, daß sie zur selben Mannschaft gehören und am selben Kampf teilnehmen.

Geschwister leben im selben Raum. Den gemeinschaftlichen Lebensraum teilen zu müssen – Küche, Bad, Wohnzimmer – führt oft zu Konflikten. Manche Kinder bestehen zum Beispiel unnachgiebig darauf, bei Tisch ihren festen Platz zu haben. Auch im Familienauto streiten sich alle um den besten Platz. Bei Familien mit drei Kindern ist der unbequemste der auf der Mitte der Rückbank. Viele Eltern sehen keinen Anlaß, die Kinder rotieren zu lassen, und ich habe auch schon erlebt, daß das Los entscheiden mußte!

Was die Aufteilung des Lebensraums angeht, so bin ich fest davon überzeugt, daß jedes Kind seinen persönlichen Ort haben muß; wenn das kein Zimmer sein kann, muß es wenigstens einen eigenen Schrank geben, eine absperrbare Schublade. Der Gedanke, alles miteinander teilen zu müssen, ist für die Geschwister eine Bedrohung. Eltern sollten daher eigene Bereiche fördern.

Geschwister leben viele Jahre zusammen, und doch behält jeder von dieser Zeit Erinnerungen, die nur ihm gehören, ganz persönliche Erinnerungen, obwohl sie häufig auf gemeinsamen Fakten beruhen. Nehmen wir als Beispiel den Familienurlaub, der im Gedächtnis oft sehr lebendig bleibt. Nach ein paar Jahren weiß jeder von den Ferien noch etwas anderes. Die einen mag der Ort beeindruckt haben, die anderen ihre Fortschritte in einer Sportart oder etwa die großen Gefühle einer ersten Liebschaft. Machen Sie ruhig einmal einen Test in Ihrer Familie, Sie werden merken, daß die gemeinsame Zeit nicht für alle Geschwister dieselbe Bedeutung hatte.

Ohnehin sind Kinder derselben Familie einzigartige Menschen, die die Welt nicht auf dieselbe Weise und im selben Rhythmus angehen. Jeder hat andere Talente, andere Eindrücke und Erinnerungen; insbesondere will es der Zufall des Lebens, daß jeder sich aufgrund prägender Erlebnisse weiterentwickelt, die ihm ganz eigen sind.

Geschwisterbeziehungen leben von der Magie, die entsteht, wenn man sich gemeinsam an poetische, dramatische oder lustige Ereignisse erinnert, die man in der Vergangenheit miteinander erlebt hat. Solche Erinnerungen beginnen fast immer mit denselben Worten. »Es war einmal« wird bei Geschwistern zu »Weißt du noch?...« Manche Geschwister behalten die Erinnerungen besser als andere. Sie sind somit Garanten einer verlorenen Vertrautheit. Sie sammeln und bewahren nicht nur ihre eigenen Erinnerungen, sondern auch die ihrer Geschwister. Oft ist das die Rolle der Ältesten. Dieses aktive Gedächtnis gibt ihnen eine große Macht, denn sie sind in der Lage, die Zeit zurückzudrehen und den anderen Dinge aus ihrer Kindheit zu erzählen, an die sie sich selbst noch nicht erinnern können: »Du warst zu klein, um das zu wissen, aber damals...« Durch ihre Worte verschwimmt die Erinnerung mit dem wirklichen Leben, so oft wird sie wiederholt. Die Wirklichkeit wird gleichsam von demjenigen mitgeformt, der die Macht der Erinnerung besitzt.

Verschiedene Persönlichkeiten unter einem Dach

Es ist schon seltsam, der Bruder oder die Schwester von jemandem zu sein. Die Geschwisterschaft beruht auf mehreren gemeinsamen Säulen: der biologischen Säule, der Vererbungssäule, der Säule der Chromosomen sowie der Familiensäule, die auf gemeinsamen Erlebnissen aufbaut. Aber trotz dieser gemeinsamen Grundlagen ist jeder Bruder und jede Schwester verschieden. Für mich sind diese unterschiedlichen Charaktere ein guter Beweis dafür, daß die Analyse und die persönliche Empfindung der Ereignisse den Menschen formen.

Da jedes Wesen einzigartig ist, da das Individuum aus der Gruppe herausragt, ist es nur logisch, daß Geschwisterbeziehungen immer auf Vergleichen beruhen, die die Unterschiede hervorheben, ob sie nun von den Beteiligten und den Eltern akzeptiert werden oder nicht. Familien unterliegen denselben Gesetzen wie die Natur: Der Beste gewinnt. Mögen die Eltern auch aus Liebe eine gewisse Nachsicht walten lassen, es ist ein Irrtum zu glauben, daß sie ihre Kinder auch in ihrem Scheitern akzeptieren. Leider wird aber in der Gruppe der Geschwister immer eines der Kinder im Vergleich zu den anderen scheitern.

In meiner Beratung geht es sehr oft um das Thema Schulversagen, und das ist auch nicht erstaunlich. Die Schule ist ein riesiges Sortier- und Bewertungssystem, und es gibt viele psychische Störungen, die sich als erstes durch mäßige Schulleistungen bemerkbar machen. Und schlechte Noten erregen besonders schnell die Aufmerksamkeit der Eltern, das weiß jedes Kind. Es gibt noch ein Gebiet, das sich gut für Vergleiche eignet: der Sport, besonders wenn zwei Geschwister dieselbe Sportart betreiben. Einer ist immer der Begabtere, hat einen längeren Atem, ist geschickter, raffinierter als der andere. Manchmal dominiert zunächst der Ältere, weil er einfach kräftiger und reifer ist, bevor er von seinem kleinen Geschwister eingeholt wird, das nun einen Vorteil aus seiner Jugend zieht.

Eltern meinen oft, das begabtere Kind könnte das andere mitziehen, ihm zum Erfolg verhelfen, aber das kann ich nicht bestätigen. Es ist sehr selten, daß ein guter Matheschüler seinem Bruder das Geheimnis seines Erfolges verrät; er hat viel zuviel Angst davor, daß dieser eines Tages in der Lage sein könnte, ihn in Schwierigkeiten zu bringen.

In Familien mit zwei Kindern sind die Vergleiche am offensichtlichsten, und besonders gefördert werden sie, wenn beide Kinder dasselbe Geschlecht haben. Kinderreiche Familien dagegen stellen für die schwächsten, die »anderen« Kinder einen Schutz dar; fast immer finden sie dort einen Verbündeten, jemanden, der ihnen nahesteht oder ihnen ähnlich ist. Wenn sie in der »Masse« aufgehen, nehmen die Eltern sie weniger wahr und stigmatisieren sie nicht so stark.

Seinen Platz in der Familie und in der Gesellschaft finden

Eine Familie strukturiert sich um drei große Achsen herum: die eheliche Beziehung der Eltern, die Beziehung der Eltern zu jedem ihrer Kinder und die Beziehungen unter den Geschwistern. Für die Entwicklung der eigenen Persönlichkeit ist es sehr bedeutsam, mit einem Bruder oder einer Schwester zusammenzuleben. Jedes Familienmitglied muß, um innerhalb der Gruppe leben zu können, seine »Nische« finden, um sich gut von den anderen abzugrenzen. Man selbst zu sein ist für das psychische Gleichgewicht jedes einzelnen unerläßlich.

Die Geschwisterbeziehung wird zunächst durch die Frustration geprägt, daß ein Kind zum älteren Geschwister wird. Diese vor allem affektive Frustration hat bei diesem Kind Eifersuchtsgefühle zur Folge, die es als solche aber nicht erkennt. Im Stadium des Kleinkindalters kann es sich schlicht nicht vorstellen, teilen zu müssen, und sieht sein kleines Geschwister als jemanden, der es enteignet. Das ältere Kind weiß, daß es leidet, und versucht durch verschiedene Verhaltensweisen seinen Schmerz zu lindern. Es identifiziert die Aggression und den Angreifer, und dabei wird ihm die Existenz des anderen bewußt. Damit wird es wohl in Zukunft zurechtkommen müssen …

Die Einzigartigkeit jedes Geschwisterkreises wird bestimmt durch die Abfolge der Geburten, die Geschlechterverteilung und die Zahl der Geschwister. Zu diesen faktischen Daten kommen die Anlagen und das Temperament jedes einzelnen Kindes – ist es gesund oder krank, schüchtern oder jähzornig, unternehmungslustig oder macht es alles nach … Außerdem spielt es eine Rolle, welche Vorstellung die Eltern von jedem ihrer Kinder und vom Familienleben haben.

Den anderen kennenlernen

Das Kleinkind erlebt seine Geschwisterbeziehungen über seine Beziehung zu den Eltern. Es ist eine mehr oder weniger langwierige psychische Arbeit, sich von der elterlichen Allmacht zu befreien und sich seinem oder seinen Gleichgestellten zuzuwenden – seinen Geschwistern. Ob dieser Prozeß der Trennung und Individuation erfolgreich verläuft, hängt stark vom Verhalten der Eltern ab, insbesondere von dem der Mutter: Er kann bewußt oder unbewußt gefördert oder gehemmt werden.

Unter den Kindern besteht ein Interaktionssystem, das von den Eltern unabhängig ist. So wie bei Kontakten zu Kindern außerhalb der Familie, etwa in der Krippe, entwickeln sich die ersten Geschwisterbeziehungen aus gemeinsam erlebten Sinnesreizen, aus Hautkontakt, Gerüchen, Geschmacksempfindungen und Lautfolgen, bevor die Sprachfähigkeit ausgebildet ist. Die kognitive Entwicklung ermöglicht es dann, emotionale Empfindungen miteinander zu teilen. Wenn Kinder affektive Situationen gemeinsam erleben, können sie also bei den anderen unterschiedliche Gefühle wahrnehmen.

Im Alter zwischen neun Monaten und drei Jahren treten deutliche Sympathie- und Eifersuchtsreaktionen auf. Letztere beruhen auf zwei Auslösern: Zum einen versteht das Kind nicht, daß jeder im Leben eine bestimmte Rolle hat (daß es etwa einen Kleinen und einen Großen gibt); zum anderen kann es sich nicht vorstellen, daß viele Dinge aufgrund äußerer Umstände geschehen. Wenn etwa ein älteres Geschwister zusieht, wie das Baby an der Brust der Mutter saugt, macht es sich keine Gedanken über Babyernährung oder Aspekte wie die Stärkung der Immunkräfte. Es stellt sich nur eine einzige Frage: Warum bin da nicht ich an seiner Stelle in Mamas Armen? Durch die Geschwisterbeziehungen, die in der Intimität der Familie erlebt werden, lernen die Kinder somit soziale Prozesse.

Die Unterordnung unter die Regeln der Gruppe

Unter den einschlägigen Arbeiten zur Geschwisterforschung beleuchtet Melanie Klein einen interessanten Aspekt: den der Gerechtigkeit. Ihr zufolge hält bei der Geburt des zweiten Kindes die Gerechtigkeit Einzug in die Familie, denn die Eltern sehen sich fortan gezwungen, Urteile zu fällen, Aufteilungen vorzunehmen oder Verhandlungen zu führen. Das zweite Kind richtet somit eine Art »Familiengericht« ein: Der Erstgeborene kann nicht mehr alles bekommen, alles behalten. Er muß lernen, zu teilen, muß Alltagssituationen verstehen, um Kompromisse schließen zu können. Er muß sich dazu bereit erklären, sich in seinem Lebensraum und sogar in seiner Denkweise auf sein kleines Geschwister einzustellen. Das zweite Kind bringt das »Gesetz« in die Familie: Dadurch wird fortan die Gruppe regiert, und die rein gefühlsgesteuerte Beziehung des ersten Kindes zu seinen Eltern gerät in den Hintergrund.

Durch das Geschwistersein lernt man, Unterschiede zu erkennen. Auch die Eltern merken, daß ihre Kinder nicht alle dasselbe denken – und daß sie vor allem ganz anders denken als sie selbst. Für demokratische Prozesse ist es immer eine Bereicherung, mit jemandem zu leben, der nicht dasselbe denkt wie man selbst. Die Kinder lernen schnell, was Toleranz ist, wenn Entscheidungen gemeinsam gefällt und Geschenke geteilt werden und wenn auf Chancengleichheit geachtet wird.

Einer der grundlegenden Vorteile des Geschwisterseins besteht auch darin, daß dadurch eine allzu enge Verschmelzung zwischen Eltern und Kind vermieden wird, die dessen gesunde Entwicklung in jedem Fall stören würde. Daß die Aufmerksamkeit der Eltern stets geteilt werden muß, hilft zudem jedem Kind dabei, schnell selbständig zu werden. Eltern kommt es nie ungelegen, wenn ihre Großen schon ohne sie zurechtkommen, so daß sie sich mehr um die Kleineren kümmern können.

Jedes Kind stellt für die Eltern eine Gelegenheit dar, ihre Elternschaft anders zu erleben – dazu tragen zahlreiche Faktoren wie die Persönlichkeit des Kindes oder die Umstände bei der Geburt bei. Eltern mit mehreren Kindern haben größere Chancen, die schwierige Elternlaufbahn mit Erfolg zu meistern. Ein Geschwisterkreis funktioniert gut, wenn jeder einzelne ein Bezugssystem akzeptiert, in dem alle zusammenleben können, selbst wenn man sich nicht unbedingt sehr gut versteht. Der Geschwisterkreis ist eine Mikrogesellschaft und braucht Regeln, die verhindern, daß die Mitglieder sich von ihren Trieben dominieren lassen. Das bedeutet nicht, daß es unter Geschwistern keine zerstörerischen Triebe gibt. Aber sie werden ganz einfach vom familiären und sozialen Gesetz kontrolliert.

Die Beständigkeit der Geschwisterbindung

Die Geschwisterbindungen entstehen durch Kontinuität und Zeit. Übrigens bestehen sie viel länger als die Eltern-Kind-Beziehungen: In der Regel ist man länger Bruder oder Schwester als Sohn oder Tochter. Nach meinem Dafürhalten sollte das Geschwistersein als miteinander geteilte Zeit gelten und nicht als geschenkte Zeit. Eltern können sagen: »Ich ermögliche es dir zu leben«, aber ein Geschwister würde sagen: »Ich ermögliche es dir, mit mir dieselbe Zeit zu teilen.«

Der Zeitbegriff ist für die Beziehungen unter Geschwistern grundlegend. Durch gemeinsam verbrachte Zeit bilden sich Gruppen, Machtverhältnisse entwickeln sich, ein Anführer wird eingesetzt, Konflikte werden gefördert oder abgeschwächt. Das Leben unter Geschwistern erlaubt jedem einzelnen, sich zu sozialisieren, bevor er in der Krippe, im Kindergarten oder in der Schule Erfahrungen mit fremden Kindern macht. Und die Zeit »heilt« auch die ganz normalen Rivalitäten unter Geschwistern. Für den Austausch unter verschiedenen Gruppen, für ein Leben in der Gemeinschaft ist das Geschwisterdasein unbestritten bereichernder als das Leben als Einzelkind.

Im Laufe der Zeit bilden sich unter Geschwistern Cliquen heraus. Dabei setzt sich nicht unbedingt die Logik des Alters durch. Was zählt, ist der Entwicklungs- und Reifestand des einzelnen sowie die Art und Weise, wie die anderen ihn wahrnehmen. Bei vier Kindern etwa können die beiden Mittelkinder, die weniger idealisiert werden als das älteste Kind und das Nesthäkchen, großartige Beziehungen knüpfen und auf einer natürlicheren Beziehungsebene eine Untergruppe begründen. Genauso kann sich bei drei Kindern die Beziehung des ältesten Bruders mit seiner jüngsten Schwester friedlicher gestalten als mit seinem nächstgeborenen Geschwister, dem er ganz sicher vorwirft, sein Einzelkinddasein durcheinandergebracht zu haben. Das Bündnis mit seiner Schwester dagegen stellt für ihn eine Stütze dar.

Manchmal wird der übliche Geschwisterrang auch umorganisiert. Ich habe zum Beispiel mit einem jüngeren Bruder zu tun gehabt, der sich als regelrechter Kommunikationsvermittler für seinen älteren Bruder betätigte. Mit seinen fünf Jahren förderte er die Sozialisierung seines sechsjährigen großen Bruders erheblich. Freilich hatte diese zunächst positive Hilfestellung auch eine Kehrseite: Sie bremste den Großen dabei, selbständig zu werden, denn er lebte allzusehr unter dem Einfluß des Kleineren. Um das Verhältnis der beiden Brüder nicht zu belasten, mußte der Große also in seiner Entwicklung gefördert werden.

Wer Geschwister hat, öffnet sich auch eher für seine weitere Familie. Unter Cousins und Cousinen, Tanten und Onkeln entwickelt sich häufig so etwas wie ein gemeinschaftliches Leben, wenn die Erwachsenen dieselben Sorgen haben und die Kinder gerade in ähnlichen Entwicklungsstadien sind. Die ganze Verwandtschaft trifft sich dann zu einer Feier bei den Großeltern oder verbringt ein paar gemeinsame Ferientage im Familiensitz. Aber es gibt auch Rivalitäten und Eifersüchteleien in bezug auf die Liebe und die Aufmerksamkeit der Großeltern...

Am stärksten ist die Geschwisterschaft in der Adoleszenz gefährdet. Altersunterschiede kommen in dieser Zeit am meisten zum Tragen. Wie soll man auch mit elf oder zwölf Jahren mit seinem Bruder befreundet sein, der gerade in den Kindergarten gekommen ist? Auch später besteht noch die Gefahr eines Bruchs, wenn beispielsweise einer weggeht, um zu studieren, während der andere noch in der Schule ist. Schlecht vertragen Geschwistergruppen es auch, wenn der »beste Freund« oder die »gute Freundin« wichtiger werden als der Bruder oder die Schwester. Allerdings kann es auch sein, daß es für das eine oder andere Geschwister richtig ist, Abstand zu gewinnen.

Geschwisterbeziehungen unter Erwachsenen

In Beziehungen unter Geschwistern kann es leichter zu einem Bruch kommen, als zwischen Kindern und Eltern. Es herrscht die Ansicht vor, daß letztere um jeden Preis erhalten werden müssen; »Scheidungen« oder Trennungen von Geschwistern dagegen sind um vieles leichter. Auch wenn es paradox erscheint, ist die Beziehung zu Geschwistern manchmal viel stärker als die zu den Eltern, denn diese beruht allein auf der Blutsverwandtschaft. Im Erwachsenenalter zum Freund oder der Freundin seines Geschwisters zu werden, ist die ideale Entwicklung einer Geschwisterbeziehung: Denn einen Freund wählt man aus, während ein Verwandter einem auferlegt wird.

Die ersten sexuellen Beziehungen, die die inzestuösen Begierden zwischen Bruder und Schwester aufheben, sind oft der Moment, in dem beide auf Distanz gehen, wenn das nicht schon vorher passiert ist. Eine weitere Etappe ist der Weggang von zu Hause, um zu studieren oder eine Arbeitsstelle anzutreten; zu der psychischen Distanz kommt dann die geographische Entfernung. Jeder lebt nun nach eigenem Gutdünken, verfügt über seine Zeit, ohne dabei die Geschwister einzubeziehen, und findet neue Bezugspunkte.

Der nächste Schritt besteht darin, daß eines der Geschwister mit einem Partner zusammenzieht. Die Geschwisterbeziehungen werden durch die Schwägerinnen und Schwager mehr oder weniger glücklich bereichert. Jedenfalls werden sie – insbesondere durch ihre inzestuöse Prägung – doppelt kompliziert, wenn Geschwisterpaare sich gegenseitig heiraten. In diesem Stadium werden Familien nicht mehr von den Blutsbanden zusammengehalten, sondern durch die Partnerschaft – deren Funktion es zunächst ist, das Risiko des Inzests auszuschalten.

Häufig bringt es für den Geschwisterkreis Veränderungen mit sich, wenn so ein »Anhängsel« hinzukommt. Eine bestehende Nähe unter Geschwistern kann durch den Einfluß von Schwägerinnen und Schwagern gestärkt oder auch geschwächt werden; Feindseligkeiten jedenfalls werden generell neu angefacht. Der Neuankömmling in einer Familie kann kaum anders als die Partei seines Partners zu ergreifen, und er versucht, ihn zu schützen oder zu verteidigen. Auch die Bindung, die jeder der Partner zu seinen Eltern hat, ist wichtig für die neue Struktur der erweiterten Geschwisterschaft. Eltern und Schwiegereltern können Bündnispartner oder trennende Elemente sein. So ist es zum Beispiel unwahrscheinlich, daß eine Schwiegertochter, die von ihrer Schwiegermutter gehaßt wird, sich mit der Schwester ihres Mannes anfreundet; und ein Vater, der wenig Zuneigung zu seinem Sohn empfindet, wird die Schwiegertochter wohl auch nicht gerade sympathisch finden.

Jedes Geschwister trägt an seinen Partner ein Kollektivgedächtnis seiner Familie heran. Dieses besteht aus Gewohnheiten, Sitten, Gesten, Ausdrücken, die die Geschwister im Lauf ihrer gemeinsamen Kindheit an- und übernommen haben. Aus der Verschmelzung dieses »zusammengestellten Gedächtnisses« entstehen gemeinsame symbolische Werte, die ein Paar verbinden. Verheiratete Geschwister entwickeln also auf identischen Grundlagen jeweils eigene Werte. Der erweiterte Geschwisterkreis mit allen Schwagern und Schwägerinnen funktioniert besonders gut, wenn alle Mitglieder Familienerinnerungen haben, deren Normen und Kodierungen ähnlich sind.

Die Veränderungen im Geschwisterkreis sind schließlich beendet, wenn die Brüder und Schwestern selbst Familien gründen. Die Beziehungen können schwierig werden, wenn ein Geschwister unfruchtbar ist. Es erscheint zum Beispiel kaum denkbar, daß eine große Schwester, die verzweifelt versucht schwanger zu werden, ihre kleine Schwester als ihre beste Freundin erwählt, die selbst Mutter mehrerer Kinder ist. Solche Situationen sind schmerzlich, aber nicht immer unüberwindbar – schließlich sind Eizellenspenden unter Schwestern relativ häufig.

Wie stabil die Bindung zwischen Geschwistern im Erwachsenenalter ist, wird im allgemeinen davon bestimmt, wie ihre Beziehung in der Vergangenheit gestaltet war. Wie so oft ist es die Vergangenheit, die es erlaubt, die Gegenwart zu begreifen und die Zukunft zu entwerfen. Anhand der Frage, ob die Bindungen überdauert haben, läßt sich ermessen, ob die Geschwister sie als Bereicherung oder als Zwang erlebt haben. Die Schikanen des Alltags sind in weiter Ferne, und die Beziehungen werden zum Spiegel des Zugehörigkeitsgefühls zu einer Gruppe, in der die Phantasie wichtiger wird als das tatsächlich Erlebte. Die Gelegenheiten für ein Wiedersehen werden seltener und damit auch die Streitereien. Allerdings kabbeln sich manche Geschwister auch ihr ganzes Leben lang weiter, aber diese Zankereien werden dann gleichsam zu einem echten Kommunikationsmodus.

Anhand soziologischer Untersuchungen lassen sich Geschwisterbeziehungen im Erwachsenenalter genauer bestimmen. Beinahe zwei Drittel aller Geschwister sehen sich einmal pro Woche, wenn sie weniger als 20 Kilometer voneinander entfernt wohnen, aber nur einmal pro Jahr, wenn die Entfernung mehr als 500 Kilometer beträgt.

Offenbar sehen Geschwister, die auf dem Land wohnen, sich auch regelmäßiger, als Geschwister, die in der Stadt leben. Insgesamt haben Geschwister untereinander weniger Kontakt als mit ihren Eltern. Offenbar gibt es einen Zusammenhang zwischen der Besuchshäufigkeit und der Dauer des Zusammenlebens sowie der Anzahl der Geschwister. Bei weniger Geschwistern sind die Bindungen enger, und gleichgeschlechtliche Geschwister treffen sich häufiger. Selbst wenn sie sich nicht blendend miteinander verstehen, so halten Geschwister doch pflichtbewußt Kontakt, nach dem Motto: »Immerhin ist es mein Bruder (oder meine Schwester), ich muß doch mal hören, was aus ihm (ihr) wird.« Der Tod der Eltern schließlich lockert die Bindungen, während die Geburt von Kindern sie stärkt.

Auch wenn Geschwister sich selten sehen, so rufen sie sich doch fast alle regelmäßig an und tauschen Familienphotos aus. Auf der psychischen Ebene betrachtet stimuliert das Photo die Vorstellung, derselben Gruppe anzugehören. Es hilft dabei, echte Ähnlichkeiten festzustellen und andere zu erträumen. Wenn Cousins und Cousinen sich auf dem Glanzpapier älter werden sehen, empfinden sie eine gewisse Nähe, und das kann die Lust hervorrufen, sich öfter zu treffen.

Geschwister besuchen sich gegenseitig am Wochenende oder anläßlich einer Dienstreise; manchmal finden sie sich auch für ein paar Ferientage zusammen, damit die Cousins und Cousinen sich besser kennenlernen können. Aber vor allem treffen die Geschwister sich im Elternhaus, wenn dort Feste gefeiert werden (Weihnachten, Jahrestage symbolischer Ereignisse). Worüber dann geredet wird, ist recht unterschiedlich. Hinter banalen Informationen über die Gesundheit der Kinder und Karrierepläne verstecken sich häufig Ärger oder Reue. Echte Eingeständnisse paaren sich manchmal mit einer aufrechten Bezeugung von Zuneigung. Auch hier hilft das Wachrufen von alten Erinnerungen dabei, schwach gewordene Bindungen wieder stärker werden zu lassen. Aus soziologischen Studien geht hervor, daß ideologische und moralische Unstimmigkeiten Geschwister mehr trennen als Unterschiede im materiellen Bereich. Übrigens kommt es häufig vor, daß ein Geschwister einem anderen bei finanziellen Problemen unter die Arme greift oder bei der Suche nach einer Wohnung oder einer Arbeitsstelle mithilft.

Dennoch verkümmern in manchen Familien mit der Zeit die Geschwisterbeziehungen, wenn jeder sich in seine eigene Welt zurückzieht, was zwangsläufig zu Distanz führt. Häufig verlieren Geschwister den Kontakt zueinander, weil sie angeblich beruflich zu sehr eingespannt sind oder weil sie zu weit voneinander entfernt wohnen. Da hängt es ganz von der Fähigkeit der Eltern ab, die Kinder zusammenzubringen; ihnen obliegt es, dafür zu sorgen, daß bestimmte Familientraditionen fortgeführt werden, also müssen sie auch die »Schirmherrschaft« übernehmen und dazu einladen.

In anderen Familien ist die Situation noch extremer: Eines der Geschwister lebt von den übrigen isoliert, entweder aus freien Stücken oder weil es von den anderen ausgeschlossen wurde. »Wir bekommen ihn nicht mehr zu Gesicht, wir reden nicht mehr miteinander.« Eltern leiden dann häufig im stillen; sie sehen diesen Bruch als Beweis dafür, daß sie in ihrer Elternrolle gescheitert sind. Dabei beruht eine solche Art der Trennung immer auf einer freien Entscheidung der Kinder.

So etwas wie einen Bruder oder eine Schwester kann

man auch unter seinen Cousins, seinen Nachbarn oder seinen Schulkameraden finden. Diese »Herzensbrüder« oder »Seelenschwestern« sind besonders dann eine große Hilfe, wenn ein schwerer psychischer Schlag zu verdauen ist. So behandelte ich einmal einen Jugendlichen, der schon durch die Scheidung seiner Eltern belastet war und der dann erfuhr, daß auch seine Großeltern sich trennen würden, die für ihn einen stabilen Pol dargestellt hatten. Er fand bei einer gutfunktionierenden »Gastfamilie« Zuflucht – bei einem gleichaltrigen Freund, den er übrigens als »Bruder« bezeichnete.

Einzelkinder wissen über diese außergewöhnlichen Geschwisterpaare gut Bescheid. Lange und häufig wurde behauptet, Einzelkinder hätten ganz eigene Persönlichkeiten, und zwar deshalb, weil sie keine Geschwister hätten. Ich weise diese Behauptung strikt zurück, denn alle Kinder brauchen zum Erwachsenwerden Gleichgestellte, mit Hilfe derer sie sich abgrenzen, sich austauschen, teilen, kommunizieren und sich widersetzen können. Wenn Einzelkinder eine Besonderheit haben, dann die, daß sie ihre Geschwister unter ihren Cousins oder ihren Freunden wählen können. In deren Begleitung entwickeln sie dann ihr gesamtes Netz sozialer Beziehungen, und das tun sie genauso harmonisch und vollständig wie Kinder, die Geschwister haben. Das Einzelkind, das im Kindergarten oder auf dem Spielplatz andere Kinder trifft, verhält sich nicht anders als Geschwister, die zusammenleben und miteinander spielen. Ich habe noch nie gehört, daß ein Einzelkind sich wirklich beklagt hätte, keine Geschwister zu haben; wenn es von seiner Einsamkeit spricht, dann bedauert es, daß es nicht ständig einen Freund oder eine Freundin um sich hat, mit dem es spielen kann, wann immer es will. Aber haben denn Geschwister dafür immer jemanden zur Verfügung?

Ich möchte noch mit einer anderen Annahme aufräumen, der zufolge Einzelkinder ihren Mangel an Geschwistern damit kompensieren, daß sie sich Phantasiefreunde erfinden. Dieses Entwicklungsstadium machen fast alle Kinder mit drei oder vier Jahren durch, ob sie Geschwister haben oder nicht, ob sie in den Kindergarten gehen oder nicht. Dieses Verhalten gibt ihnen Sicherheit bezüglich der Welt, die sie entdecken, und in bezug auf ihr eigenes Selbstwertgefühl. Der eingebildete Freund ermöglicht ihnen, alles gefahrlos zu verbalisieren, was sie auf dem Herzen haben; und ihm können sie auch alles erzählen, was sie so über ihre Geschwister denken!

Was bedeutet Geschwisterschaft? Ersetzen wir die etwas enttäuschende Definition aus dem *Larousse,* einem französischen Wörterbuch – »Gesamtheit von Brüdern und Schwestern einer Familie« – durch die folgende: »Brüderlichkeit aufgrund eines gemeinsamen Erinnerungsschatzes«.

Bibliographie

Artikel in französischen Zeitschriften

»Moi mon frère, moi ma sœur« in: *Dialogue* Nr. 114, Erès 1991.
»Frères et sœurs«: *Le Groupe familial,* Fédération nationale des écoles des parents et des éducateurs, Nr. 81/1997.
»La jalousie fraternelle« in: *Lieux de l'enfance,* Privat, Nr. 16/ 1998.
»Liens fraternels« in: *Enfances et psy* Nr. 9, Erès 1999.
»La Dynamique fraternelle« in: *Dialogue* Nr. 149, Erès 2000.

Bücher

Angel, Sylvie: *Des frères et des sœurs: les liens complexes de la fraternité,* Paris (Robert Laffont, coll. »Réponses«) 1996.
Bourguignon, Odile: *Le Fraternel,* Paris (Dunod, coll. »Psychismes«) 1999.
Camdessus, Brigitte (Hg.): *La Fratrie méconnue: liens du sang, liens du cœur,* Paris (ESF, coll. »Le monde de la famille«) 1998.
Cohen-Solal, Julien, Bernard Golse (Hg.): *Au début de la vie psychique: le développement du petit enfant,* Paris (Odile Jacob) 1999.
Rufo, Marcel, Christine Schilte, René Frydman: *Vouloir un enfant,* Paris (Hachette Pratique) 2001.
Rufo, Marcel, Christine Schilte: *Elever bébé,* Paris (Hachette Pratique) 2001.
Savier, Lucette (Hg.): *Des sœurs, des frères. Les méconnus du roman familial,* Paris (Autrement, coll. »Mutations«) 1990.

249

Soulé, Michel (Hg.): *Frères et sœurs,* Paris (ESF, coll. »La vie de l'enfant«) 1981.
Zazzo, René: *Les jumeaux, le couple et la personne,* Paris (PUF, coll. »Quadrige«) (1960) 2001.

Titel, die auf deutsch erhältlich sind

Bettelheim, Bruno: *Kinder brauchen Märchen,* Stuttgart (DVA) 1977.
Cyrulnik, Boris: *Mein Lebensglück bestimme ich,* München (Goldmann) 2003.
Sulloway, Frank: *Der Rebell der Familie. Geschwisterrivalität, Kreatives Denken und Geschichte,* Berlin (Siedler) 1997.

Remo H. Largo

Babyjahre

Die frühkindliche Entwicklung aus biologischer Sicht. Aktualisierte Neuausgabe. 506 Seiten.
Serie Piper

Die Bedürfnisse eines Säuglings und Kleinkinds zu erkennen und richtig zu deuten ist für Eltern nicht immer leicht, besonders wenn es ihr erstes Kind ist. Sprechen kann das Baby nicht, aber es hat eine Vielzahl von Möglichkeiten, sich auszudrücken. Der erfahrene Kinderarzt Professor Remo H. Largo will mit seinem Buch das Verständnis bei Eltern und Erziehern für die biologischen Gegebenheiten und die Vielfalt des kindlichen Verhaltens wecken. Dabei orientiert er sich nicht an abstrakten Normen oder überlieferten Erziehungsprinzipien, sondern schärft den Blick für das individuelle Kind und vermittelt Einsichten in seine entwicklungs- und altersspezifischen Eigenheiten. Der Bestseller »Babyjahre« wurde für diese Taschenbuchausgabe grundlegend überarbeitet und aktualisiert.

Remo H. Largo

Kinderjahre

Die Individualität des Kindes als erzieherische Herausforderung. 378 Seiten. Serie Piper

Wie man Kinder fit fürs Leben macht, ihnen hilft, im Einklang mit ihrer Umwelt zu leben – das zeigt Remo H. Largo in diesem Buch. Er ist seit über zwanzig Jahren Leiter der Abteilung Wachstum und Entwicklung am Kinderspital in Zürich und kennt daher die ganze Bandbreite kindlicher Entwicklung. So kann er Eltern und Erziehern wirkliche Hilfe anbieten, nicht nur Theorien. Anschaulich führt er durch die entscheidenden Jahre zwischen dem Kleinkindalter und der Schwelle des Erwachsenseins. Wie entsteht die Individualität des Kindes? Welche Rolle spielen Anlagen und Umwelt? Wann und wie können Eltern die Entwicklung ihres Kindes unterstützen? Auf diese Fragen gibt der Autor fundierte Antworten mit praktischen Beispielen.

SERIE PIPER

05/1354/01/L   05/1355/01/R

Barbara Vinken
Die deutsche Mutter
Der lange Schatten eines Mythos.
336 Seiten. Serie Piper

In Deutschland müssen Frauen sich immer noch entscheiden – entweder Kinder oder Karriere. Barbara Vinken analysiert leidenschaftlich, prägnant und intelligent, warum Kinder und Karriere in Deutschland nicht zusammengehen. Ihr Fazit: Die deutsche Politik hat sich immer mehr um die Familie als um die Selbständigkeit der Frau gekümmert. Die Gründe für diese Ideologie, die bis heute die Familienpolitik bestimmt, wurzeln in einem ungebrochenen Mythos der Mütterlichkeit. Wie ein roter Faden zieht er sich durch die deutschen Versuche der nationalen Selbstbeschreibung und -bestimmung, vom Protestantismus zum Nationalsozialismus bis in die Gegenwart. Auch heute noch glauben die Deutschen, daß nur die gesunde Kleinfamilie mit einer Mutter, die sich um alles kümmert, gegen die harte, kalte Welt bestehen kann.

Uwe Böschemeyer
Das Leben meint uns
111 Ermutigungen für Paare.
166 Seiten. Serie Piper

Der Streit ums Geld, ein kleiner Konflikt beim Autofahren, der vergessene Geburtstag, die unfreundliche Bemerkung am Morgen – oft beginnt damit die Krise in einer Beziehung. Doch, so der erfahrene Psychotherapeut Uwe Böschemeyer, fast jede Krise ist auch eine Chance. Wenn Paare nach den Zielen eines gemeinsamen Lebens fragen, ist ein Neubeginn möglich. In nachdenklichen Texten, Fallgeschichten und kleinen, sofort einleuchtenden Alltagsszenen zeigt der Autor die Probleme und Ziele einer Beziehung. 111 Ermutigungen für Paare.

»Auf der nach oben offenen Qualitätsskala der Beratungsbücher belegt das Buch einen Spitzenplatz.«
www.wissen.de

05/1356/01/L   05/1407/01/R

Julie Tilsner

Nie wieder durchschlafen?

Das erste Jahr zu dritt. Aus dem Amerikanischen von Eva Dempewolf. 240 Seiten. Serie Piper

Paare, die ein Kind bekommen haben, leben in einer anderen Welt und sind mit Problemen konfrontiert, die nur Gleichgesinnte verstehen. Von durchwachten Nächten über beunruhigendes Schreien bis hin zu den Gefahren, die das krabbelnde Kleinkind bedrohen, reicht die Palette der Situationen, für die Julie Tilsner Rat weiß. Ein unentbehrliches Geschenkbuch für das erste Jahr zu dritt.

Katrina Kenison

Mehr Zeit für mich

Wohlfühltips für Mütter in Eile. Aus dem Amerikanischen von Barbara Röhl. 191 Seiten. Serie Piper

Mutter zu sein bedeutet oft Dauerstreß: Gibt es doch heutzutage schon für die Kleinsten ein Überangebot an Aktivitäten, das moderne Mütter auch nutzen möchten – doch ihnen geht dabei leicht die Puste aus. Katrina Kenison zeigt, wie Mütter das Tempo drosseln und ihren eigenen Rhythmus finden können: beim gemeinsamen Frühstück oder Geschichtenvorlesen, beim Spielen, Einkaufen oder einfach beim Faulenzen – zum Besten der Kinder und fürs eigene Wohlbefinden.

»Öfter mal locker lassen ... Kenison macht Vorschläge, wie und wo Mütter im alltäglichen Marathon kleine Oasen einbauen können.«
Der Spiegel

SERIE PIPER